未完の革命

韓国民主主義の100年

金 惠京

Kim Hae Kyung

Unfinished Revolution

A Hundred Years of Korean Democracy

明石書店

未完の革命

韓国民主主義の１００年

◎目次◎

本文登場地名地図

平壌
北朝鮮
金剛山
麟蹄
束草
平昌
板門店
開城
楊州
江原道
京畿道
延坪島
ソウル
江華島
仁川
水原
清州
忠清北道
忠清南道
聞慶
慶尚北道
大田
亀尾
浦項
星州
大邱
全羅北道
蔚山
慶州南道
梁山
烽下
昌原
釜山
全羅南道
光州
木浦
順天
荷依島
巨済島
対馬
麗水
珍島
壱岐
済州島

はじめに

その国は未だ苦難の旅路のなかにある。

この本の主人公である韓国は、植民地支配、民族の分断に伴う数百万人の犠牲、国土の荒廃などを経て、1950年代には世界の最貧国に位置づけられていた。1910年に日本の植民地支配が始まったことを考えれば、20世紀に入ってからおよそ半世紀のあいだに国としてのさまざまな苦難を詰めこんだのが韓国であった。

しかし、近年のGDP（国内総生産）の国際ランキングを見ると、韓国は10位近くを維持するような経済大国へと成長した。朝鮮戦争の際、国連軍総司令官であったダグラス・マッカーサーが「この国を再建するには少なくとも百年はかかる」と語った状況を思うと、隔世の感がある。実際、現在のソウルの街並みは先進国そのものであり、立ち並ぶ高層ビルは昼夜となく活気にあふれ、人びとの手元では世界的な大企業に成長したサムスン電子製のスマートフォンが各種の情報や娯楽を提供している。そうした情景から、かつてこの街に日本の朝鮮総督府が置かれ、朝鮮戦争時に南北に支配権が度々移行した事実を想像することは難しい。

たしかに、韓国は日々の食事に困るような経済的な苦境からは解放された。しかし、それは国としての一面が発展したに過ぎない。そこで、本書のテーマである民主主義に目を向けてみる。1987年の民主化運動により、軍事独裁体制から民主主義を勝ちとった韓国人にとって、自らが政治の舵取りを担っていることは誇りの源泉であった。大韓民国憲法の前文を見ても、近代以降の民主化への道のりが語られており、韓国人にとって民主主義は愛国心とも直接つながっている。そうした認識をもつ韓国人からすれば、2016年秋口から朴槿恵《パク・クネ》前大統領周辺でさまざまな疑惑がもち上がり、特に長年の友人である崔順実《チェ・スンシル》に朴前大統領が公式発表や外交方針について助言を求め、一部判断を委ねたとされたことは許容しがたいものであった。選挙を通じて国民から権利を移譲された大統領が、父親（崔太敏《チェ・テミン》）の宗教的影響力により接点をもった専門家でもない友人に、北朝鮮問題をはじめ国家の行く末を左右する政治判断を委ねていたことは、大統領に委任した国民の意志が歪められたのも同然であり、民主主義を根拠とする自尊心を汚されたと人びとは感じたのである。抑えきれない怒りを抱えた群衆は、全国津々浦々から毎週大統領府の前に集い、非難の声を上げつづけた。一方で、参加者たちがロウソクの火を抗議のために掲げ、一切暴徒化しなかった事実は、誰もがそのデモが何のために行われていたのかを認識していた証しであった。つまり、韓国において民主主義は人びとの心身に根づき、血肉化していたのである。

しかし、そうした市民の声を背景に各種の疑惑を追及したことで、韓国の暗部は白日の下に晒された。朴槿恵前大統領は疑惑の渦にまみれて罷免され、その直後に逮捕された。また、韓国のＧＤＰの約２割を担うサムスングループの実質的トップ李在鎔《イ・ジェヨン》も２０１７年２月に起訴され、その身柄は長く拘置所のなかにあった。つまり、２０１７年５月に大統領選挙が前倒しされることが決定したときの韓国は、政治・経済両面のトップが不在という異常事態にあった。その意味で、20世紀に絶えず続いていた悲境を脱したかに見えた韓国の旅路は未だ道半ばであり、国の奥深くまで浸食した腐敗を解決しなければ、政治や経済の中心すら容易に崩壊してしまう状況があった。

そうしたなか、5月9日夜半に他候補を大きく引き離して就任を確実にした文在寅《ムン・ジェイン》大統領は勝利宣言のなかで、「原則と常識が通じる国らしい国」という概念を強調した。稀に見る経済成長を成しとげた国であるという事実と、「原則と常識が通じない国」という状況は重なりあうことが難しい。通常であれば、原則や常識があるからこそ、経済発展は成しとげられる。そして、原則や常識が欠けたなかで韓国が経済発展を行ったとすれば、当然のようにその歪みは大きなものとなる。本書の結論を先取りすれば、韓国はその歪みにより、歴代大統領が苦難の晩節を送ることを強いられ、国民全体が過大な努力を払いながらも、その恩恵を一部の者だけが享受し続ける格差社会を生んでしまった。

その矛盾の解決こそが、文大統領がまずもって取り組まなければならない課題であった。彼は前大統領の罷免を受けて就任したために、選挙結果が正式発表された翌日の午前8時、即座に大統領へ就任したのであるが、矢継ぎ早に打ち出されてゆく方針や人事を受けて、韓国は熱気に包まれた。財閥改革や検察改革、政財官の汚職排除等を公約に掲げた文政権は、論功行賞人事を排し、閣僚に大学教員や実務家など専門性の高い人材を登用した。記者会見で一つの人事が発表されるたび、記者のあいだですらどよめきが起きる状況が連日続き、文大統領の不退転の決意を韓国国民は感じとった。

日本をはじめ他の先進国において、文政権の船出ほど明確に改革を全面に押し出した人事が行われることはほとんどない。しかし、それは裏を返せば、そうしなければ韓国の構造を変革できないという認識の表れでもあった。そして、韓国国民の文大統領に寄せた期待の背景には、自らが流してきた汗に対する誇りと自信がある。これまで行ってきた努力は自他ともに認めるものの、そこに十分な成果がついて来ることはなく、多くの国民は経済格差に苛《さいな》まれ続けた。その社会構造が文大統領誕生を機に変革するならば、目の前には輝かしい未来が待っているにちがいないとの確信があったからこそ、選挙時に文大統領を非難した保守勢力ですら、就任直後は支持を明らかにしたのである。もちろん、時を経るごとに支持率が下がるのは世の常ではあるが、当時の熱気は他の時代には例を見ないものであった。

改めて考えてみれば、韓国が２０１６年から２０１７年にかけて向きあわざるをえなかった政財官の癒着は、あまりに衝撃的なものであり、それゆえに社会に与える影響は大きかった。自らが選んだ大統領を罷免させ、新たな指導者を選出することは民主主義の発露ではあるものの、「なぜ問題ある前任者を選び、腐敗を放置してきてしまったのか」との痛烈な反省を伴う。

しかし、そうした失望や失敗の大きさこそが変革を生むのではないだろうか。たとえるならば、日本にとっての1945年の衝撃と似ている。当時、アジアの盟主を自認していた日本は、世界を敵に回し、何百万という犠牲者を出し、敗戦を迎えた。その衝撃があったからこそ、財閥改革、農地改革、戦争放棄、そして天皇主権国家から国民主権国家への変貌という成果を出せたのである。正に韓国も社会の根幹を喪失するかのような事態を経て、紆余曲折のなかで、改革へと向かっている。

また、その思いは文大統領にも共有されている。彼は就任演説において、過去数か月の混乱のなかで道を切り開いた国民は偉大だったと評価しつつも、自分が韓国の大統領の新しい模範にならなければならないとして、「清潔な大統領」「約束を守る率直な大統領」「公正な大統領」「対話をして意思疎通する大統領」「温かい大統領」「友だちのような大統領」とあるべき姿を列挙した。見方を変えれば、歴代大統領には、そうした点が欠けていたということでもある。そこには過去に対する文大統領の強い反省と決意があった。そうした感情が国全体に湧き上がるなかで、韓国の新たな旅路は始まった。

そこで、本書では大河ドラマのような韓国の歩みを代表的な4人の大統領の人生を軸に追っていく。保守の代表として挙げるのは、1917年生まれの朴正煕《パク・チョンヒ》、そして1952年生まれの娘・朴槿恵。リベラルの代表として挙げるのは1925年生まれの金大中《キム・デジュン》、1953年生まれの文在寅である。彼らの人生は韓国の歩みであるとともに、さまざまな互いの関係のなかで、物語が織りなされている。良し悪しは別にして、彼らの存在が無ければ、今の韓国は無い。そうした物語は人情劇、史劇、悲劇といったさまざまな側面を見せつつ、一国の歩みを浮かび上がらせてゆく。特に、2017年春の一大変革にすべてが収斂されていく状況は、ある種、シナリオが存在しているかのようである。もちろん、今後の行方は予想できないものの、二世代、三世代にわたる韓国の変化を追わなければ、「あれほど大勢の人びとをデモに向かわせた本質」そして「韓国人の意識」はつかめない。また、その歩みを知るなかで韓国人が長年の経緯により培ってきた民主主義への思いも実感できることであろう。

第１章　民主主義の胎動

植民地支配の受容と反発

朴正煕の誕生と三・一独立運動

韓国が大きな転機を迎えた２０１７年から１００年前の１９１７年11月14日、朴正煕は慶尚《キョンサン》北道《プクド》南西部の亀尾《クミ》市に7人きょうだいの末っ子として生まれた。出産当時、母親が45歳と高齢だったこともあって、彼は一層大事に育てられたという。また、実家はいわゆる貧農に位置づけられており、父親は両班《リャンバン》（旧貴族）の出であったものの、収入は母親の農業に大きく頼っていた。

当時、韓国は日本の植民地下にあり、旧来の農村社会は土地調査事業によって大きく再編されていた。公有地と見なされていた場所の所有権をめぐってしばしば対立が起き、慣習的にその土地の耕作者とされていた農民の一部は仕事を失った。彼らの多くが日本を含めた大都市に仕事を求めるようになり、同時に朝鮮半島内における日本人の居住も一層進んだ。つまり、韓国の地域社会が従来有していた秩序が崩れるなかで、それに反比例するように日本の存在は大きなものになっていったのである。

そして、日本が支配を強めていくにつれ、韓国人の不満は当然のように高まっていった。ヨーロッパ諸国がアジアの国ぐにを植民地にするのとは異なり、江戸時代には使節団を差し向け、国内に居留地を設けるなど、対等な関係にあった日本の植民地になることは、韓国にとって受け入れがたいものであった。一方で、日本も現地での反発を認識していたため、韓国に渡った日本人官僚は警官や兵士ばかりでなく、教員ですらサーベルを身につけることに代表される強圧的な支配、いわゆる「武断統治」を行っていた。

そうした強硬な手法は、中世であれば渋々ながら受け入れられたかもしれない。しかし、時代は20世紀に入っていた。第一次世界大戦が１９１８年に終わり、その後のベルサイユ講和会議において、それぞれの民族が自らの政治方針や帰属を決定していくという「民族自決」の方針がアメリカ大統領ウッドロー・ウィルソンによって主張されたのである。その情報は虐げられていた各国の民族運動に火を点けることとなったが、その一つが１９１９年3月1日にソウルのパコダ公園（タプコル公園）での独立宣言に端を発した三・一独立運動[1]である。それは当時の韓国人の「圧政への抵抗」や「自治への願い」といった思いの発露であった。そして、三・一独立運動については現行の「大韓民国憲法」前文冒頭にも記載され、3月1日は韓国で国民の祝日となっていることからも、その重要性は理解できよう。

また、その運動の発火点が日本であったことも、当時の韓国におけるエリート層の状況を表している。著名な民族運動家が宗主国あるいは支配国に留学し、その思想的基盤を確立することは珍しくない。たとえば、イギリスに留学し弁護士となったマハトマ・ガンジー、日本に留学した周恩来、フランスで暮らしイギリスに学んだホー・チ・ミン等々の名前が浮かぶ。そして、1910年代の東京には数百人単位で韓国人留学生が学んでいた。彼らは将来の独立や、宗主国の支配にあえぐ地元社会の変革などの思いが強い者が多く、有志が母国独立の願いを込め、1919年2月8日に「二・八独立宣言」を採択した。その会場となった在日本韓国YMCAには、現在も同宣言のレリーフが飾られている。宣言の後半部分を見ると「今日より正義と自由とにもとづく民主主義的先進国の範に従い、新国家を建設するならば、わが建国以来の文化と正義と平和を愛好するわが民族は必ずや世界の平和と人類の文化に対し貢献するで

(1) 3月3日に予定された大韓帝国初代皇帝(大朝鮮国第26代国王)高宗《ゴジョン》(1852~1919)の葬儀に合わせて始まった独立運動。独立宣言を朗読した後に、万歳三唱を行ったことから「独立万歳運動」などの呼び名もある。中国の五・四運動やインドの無抵抗運動にも影響を与えた。

あろう」との文面がある。換言すれば、その独立宣言には国際的な動向、あるいは民主主義を背景とした韓国人の強い意志がこめられていたのである。韓国人留学生によって起草された文面は日本政府による弾圧を受けつつも海を渡り、日本での独立宣言から約3週間後、三・一独立運動の発端となる「独立宣言書」に連なっていく。その一言一言は朝鮮半島の人びとの胸を打ち、彼らの思いは燎原の火のごとく半島中に広がった。しかし、その精神的な激しさと反比例するように、独立運動自体は組織的かつ冷静さが意識されたものであった。なぜなら、日本は植民地支配を正当化するために、「韓国は日本の指導・監督を必要としている」との立場をとっていたものの、韓国人は自決の権利と文化を有する民族として、それには当たらないことを示そうとしたからである。

朝鮮半島を覆った市民の思いも虚しく、2か月ほどにわたった独立運動は数千人の犠牲者を出して失敗に終わる。しかし、韓国人の強い反発を改めて知った日本政府は、朝鮮半島の支配形態を「武断統治」から徐々に「文化統治」へと切り替えていった。また、皇室への忠誠に基盤を置いた教育や、日本語の公用化といった皇民化政策も同時に行われ、思想や制度の面で植民地化は一層進むこととなった。そうした時代のなかで、朴正熙少年は成長していったのである。

金大中の誕生と当時の世相

そして、1924年1月6日には金大中《キム・デジュン》が全羅南道《チョンラナムド》の離島、荷衣島《ハイド》に生まれる。1920年代半ばになると朝鮮半島において、民族自決や民主主義を踏まえた独立運動は目立たなくなっていた。三・一独立運動を受けて、日本政府は独立運動に対する監視を一層強め、活動を主導していた人びとの動きが分散し、縮小したためである。分散された運動には、大まかに分けて三つの傾向があった。第一に、亡命し海外を拠点としながら臨時政府を打ち立てる動きである。後に大韓民国初代大統領となる李承晩《イ・スンマン》(2)もアメリカを拠点として活動を続けた。第二に、朝鮮半島内において日本の制限下ではありながら、言論活動などを通じて独立の機運を維持しようとした動きである。各種の新聞・雑誌などが日本の監視は受けつつも刊行が許可されていたことから、そこに活路を見出した者も少なくなかった。そして、第三の傾向としては、社会主義に基づく抵抗運動が挙げられる。1917年のロシア革命、あるいは中国の共産党の進捗が伝わるなかで、当時の朝鮮半島で多く生まれた貧農あるいは都市の最下層に位置づけられた労働者の存在が、社会主義と独立運動を結びつけていった。

それらに分かれた運動は、第二次世界大戦後における国家の独立、南北の民族分断、国内の

（2）李承晩（1875～1965）大韓民国初代大統領。プリンストン大学で哲学博士取得。大韓民国臨時政府の最高責任者である国務総理、同欧米委員部委員長を務める。1934年にオーストリア出身のフランチェスカと結婚。彼女は現在まで唯一の海外出身の韓国大統領夫人。4月革命後、ハワイへ亡命し死去。

路線の対立といった問題の源流となっていく。しかし、くり返すように日本政府も独立への動きについては注視していたため、多くの朝鮮半島に暮らす人びとにとって独立は強い願いでありつつも縁遠く、皇民化政策に合わせて日本の統治のなかに自らをいかに位置づけるかが、求められていた。

それは、金大中の家庭でも同様であった。離島で抜きん出た才覚を見せた金大中少年のために、両親は地域の中心地であった木浦《モッポ》で学ばせようと、同地から船で2時間ほどかかる荷衣島の土地を売り払い、木浦に旅館を開業するなど、彼の将来のために尽くした。厳しい状況を乗りこえるために、親が必死に子どもの教育環境を整えるのは、現在の韓国の受験戦争を彷彿とさせる。そうして金大中は地域の名門校であり、日本人と韓国人が半分ずつ在学していた木浦商業高校にトップの成績で入学し、1943年秋に戦況の悪化から在学期間が切りあげられる形で同校を卒業すると、日本人が社長を務める海運会社「全南汽船」に就職する。

軍人の道を選んだ朴正煕

一方、朴正煕のキャリア形成も日本統治下の影響が色濃い。地元の「普通学校」（朝鮮人向けの学校）を優秀な成績で卒業した彼は、1932年に慶尚北道の道都にあった大邱《テグ》師範学校へ入学する。「師範」という名の通り、教師を育成する学校であったことから同校では大半の生徒の授業料は免除されたため、貧農の家の出ながら高い能力を有していた朴正熙にとって、そこは最適な進学先であった。同校を卒業した彼は、１９３７年４月に慶尚北道の北西部にある聞慶《ムンギョン》普通学校に教師として赴任する。

地域のエリートコースに乗ったかと思われた朴正熙であったが、当時、日本では１９３６年に二・二六事件が発生し、１９３７年７月には盧溝橋事件が起き中国での戦線が拡大するなど戦時下での緊張が高まりつつあった。朝鮮半島においても、１９３７年10月には児童向けに『皇国臣民ノ誓詞』が発布され、「私共は、大日本帝国の臣民であります。私共は、心を合わせて天皇陛下に忠義を尽します。私共は、忍苦鍛錬して立派な強い国民となります」との内容が周知され、斉誦が求められた。そして、１９３８年には「国家総動員法」の朝鮮半島への適用、「朝鮮教育令」による普通学校から小中学校への改名、および日本語教育の徹底が進み、１９３９年には創氏改名の制令が下った。それと同時に、朝鮮半島においても兵役への応募が行われた。幼い頃からナポレオンや李《イ》舜臣《スンシン》（韓国を豊臣秀吉の侵攻から守った将軍）といった救国の英雄への憧れを公言していた朴正熙にとって、自らの将来を開いていくためには、日本の影響下に置かれ民族の独自性を否定せざるを得ない教員ではなく、軍人となり直接主流に乗ることが近道と考えるのも無理はなかった。その後、理由は諸説あるが、１９３９年秋に教員の職を辞した朴は、１９４０年４月、日本の傀儡国家であった満州国にある満州帝国陸軍軍官学校に入学することとなる。

そして、朴正熙はこの時から正に「水を得た魚」のように飛躍していく。もちろん、かつて師範学校に入学したこと自体も周囲からすれば快挙であったものの、彼の師範学校在学中の成績は下位に低迷したといわれている。しかしながら、満州帝国陸軍軍官学校においては非日本人学生のなかで首席となり、1942年3月の卒業時には清王朝のラストエンペラーであり、満州国皇帝であった溥儀から記念の金時計を授けられている。余談となるが、溥儀はその後、戦犯として収監され、紆余曲折をへて1967年に北京で一市民として亡くなる。一方で、後述するように朴正熙は同時期に大統領としての権力基盤を確立し、人生の絶頂期を迎えたことを考えると、運命の不思議さを感じざるを得ない。

その後、朴正熙は留学生として第二次世界大戦中、陸軍士官学校に学ぶこととなる。そこでも優等であった彼は、同校を1944年に卒業し、満州国軍歩兵第8師団の将校として軍務に就くこととなった。つまり、朴正熙が実際に日本の軍人として過ごしたのは1年ほどであった。加えて、配属が満州で、軍事的には安定していた地域であったため、終戦直前まで朴正熙は実際の衝突に直面することはあまり無かったともいわれている。しかしながら、日本の敗戦によって軍は解散し、ポツダム宣言受諾にともない日本が朝鮮半島を手放したため、彼が日本陸軍の軍人として描いていた未来は大きく崩れ、新たな道を模索せざるを得なかった。

朝鮮戦争前の韓国の混迷

3年の空白が生んだ対立

日本では、韓国の歴史をある程度分かっているという人でも、1945年8月15日に韓国が独立したと考えている人が多い。日本の歴史教科書などではその日、万歳をして喜んでいる人びとの写真がしばしば掲載されていること、あるいは独立記念日が8月15日であることから、そう考える人が多いのであろう。しかし、実際に韓国が建国を宣言したのは1948年8月15日のことである。つまり、日本の敗戦から独立に至るまで3年間の「空白」があり、それを埋めるために多くの葛藤や摩擦が生まれた。

まず、基本的に押さえなければならないのは、1945年8月15日以降の朝鮮半島は、北半分をソ連が、南半分をアメリカが統治したということである。その時期の韓国と日本を比べてみると、アメリカの統治手法のちがいは明らかであった。日本において、アメリカの統治は1945年8月30日にマッカーサーが厚木基地に降り立った日に始まった印象が強い。そこで行われたのは、自由、民主主義、国際平和といった国連が標榜した理想を具現化しようとする試みであり、日本国内にそれ以前から存在した民主的な憲法作成の流れを引き継ぐ希望に満ちたものであった。

一方、独立が達成できるとして朝鮮半島中が沸き立ったにもかかわらず、韓国で行われたのは従来の日本の統治に比べてやや開かれたアメリカの信託統治に過ぎなかった。そして、その統治をスムーズに行うため、日本からアメリカ軍への権力の移譲が順次行われた。つまり、統治者の顔がすげ替わったに過ぎない状態があり、その上、民族の南北分断すら起きた状況はまったく韓国人が望んでいたものではなかった。そうした事態が起きた要因としては、連合軍による日本の戦後統治にかんしては戦時中から多方面にわたる準備が行われていたものの、韓国における軍政については計画が不十分だった点が挙げられる。

また、先述のように独立を目指す勢力のなかにも、海外亡命者、社会主義者、民族主義者といった路線の対立があり、そこにアメリカ軍の意向も加わって、1945年以降それぞれが権力の空白地域となった韓国でさまざまな駆け引きをくり返した。そうした状況のなかで、日本の敗戦を受け沸き立った韓国人の独立への期待はじょじょに萎《しぼ》んでいかざるを得なかったのである。また、これは日本にもいえることであるが、当時の民主主義はアメリカによる統治の産物であり、自ら勝ちとったものでないために、それを至上の旗印とする意識は東アジアに育ちきっていなかった。

模索を続けた朴正煕

その混乱のなか、正に翻弄されたのが朴正煕であった。満州で露頭に迷ってしまった彼は、自らの身の処し方について途方に暮れた。所属部隊も解散となり、何とか北京にたどり着くと、かつて上海に拠点を置いていた「大韓民国臨時政府」が光復軍第三支隊の一員として彼を迎え入れた。しかし、「大韓民国臨時政府」は韓国の統治を進めたアメリカ軍と対立していたため、そのメンバーは韓国へ帰国を認められなかった。そこで、朴正煕は臨時政府を離れ、一個人として1946年5月に韓国に戻ることとなる。

実家に戻った朴正煕であったが、地元のエリートコースを離れ、かつての支配者であった日本軍に入る道を選んだ彼の居場所がないことは、自他共に認める所であった。そのため、彼は同年9月、ソウルにある警備士官学校に第2期生として入学した。彼自身の能力が最も活かされる場所は、やはり軍隊であり、1946年12月に卒業する際には263人のなかで3位の成績を修めていた。軍人としての評価が高かった彼は、改めて自らが生きていく場所を確立したのである。

再び前途洋々かに見えた彼の人生であったが、警備士官学校在学中の1946年10月、後に運命を大きく変える出来事が起きていた。かつて師範学校に通っていた大邱で兄の朴相煕《パク・サンヒ》が殺害されたのである。それは国内の対立構造が表に出た結果でもあった。当時、韓国では食料の価格が高騰し、都市には失業者が溢れ、市民生活が破綻しかけていたため、アメリカの軍政に対する批判が全国で高まっていた。なかでも大邱はかつて抗日運動の拠点であり、社会主義を基盤とした強い連携が存在していたことから、市民の抗議活動も一層活発であった。そうしたなかで、大邱府庁前で行われた抗議デモにおいて警察による発砲事件が起き、デモ参加者の1人が殺害されてしまう。それに対する反発は主義主張の枠を超え、溜めこんでいた不満が爆発するかのように韓国全土で200万人以上を動員する抗議活動となり、アメリカ軍は戒厳令を敷かなければならない状況に追いこまれた。その衝突と混乱の最中、共産党系の南朝鮮労働党のメンバーでもあった朴相熙は警察官に殺害されたのである。

植民地時代から独立運動に参画し、ジャーナリストとしても知られていた朴相熙を失った南朝鮮労働党は、兄を慕っていた朴正煕を党員とするため、朴相熙の遺族などを通じて働きかけていくことになる。当時、左右の対立は激しかったものの、社会主義の立場を一定程度支持しつつも軍に所属している者は少なくなかったことから、朴正煕もそれほど抵抗なく組織に入ったといわれている。

そして、後に大統領になった1971年に刊行された彼の著作『民族の底力』のなかには、北朝鮮に対する大変興味深い記述がある。朴正煕はアメリカの韓国における統治に比べ、ソ連の北朝鮮における統治の方が現地の状況を踏まえており、急速に社会主義へ移行しようとはせずに、民族勢力を前面に押し出す過渡的で現実的な政策をとったことで国内を早期に安定させたと一定の評価を下している。それは、アメリカの軍政が「大韓民国臨時政府を合法政権と認めず路線対立を生んだこと」「兄を失うほどの国内の左右対立の激化」「インフレ等の経済の混乱」「日本人退避後の行政の麻痺」といった問題を招いたと指摘していることでもある。しかし、前掲書を出版したときの韓国は後述するようにベトナム戦争に参戦しており、アメリカとの関係は極めて重要であった。その際に、最高権力者であった朴正煕が、かつての米軍の施政をソ連と比較しながら批判する内容を発表することの意味は重い。換言すれば、彼は社会主義を単純に毛嫌いしてはいなかったのである。そうした点も、主義主張ではなく、最善と思われるものを選択していく朴正煕の姿勢の一端を示しているといえよう。

しかし、国際的な冷戦構造の確定、および朝鮮半島の分断が不可避となってきたことで、1940年代後半の韓国内部では次第に社会主義の立場をとる人（あるいは、そう見なされる人）への圧力は強まっていった。そうした疑念が表面化したのが、1948年3月以降、済州島《チェジュ》で発生した島民虐殺事件、いわゆる「済州四・三事件」である。3月1日に三・一独立運動の開始日を記念して、済州島の住民たちが南北の統一と独立を願うデモを行ったのであるが、そこに警察が発砲し死者が出たことで島民と警察（延いては本土政府や米軍）との対立は深まった。その流れのなかで島民の一部が4月3日に武装蜂起し、それに対して本土からは陸軍が派遣された。そして、本土からの制圧に右翼青年団等の非公式勢力も加わったこともあって、規律も半ば崩壊し、事態は虐殺の様相を呈するようになり、済州島では3万人近くの住民および兵士が命を落とした。当時、済州島の人口は28万人ほどであったことを考えれば、それは人口の1割が殺害されるほどの惨事であった。また、この事件以降の韓国政治のなかで、政府が表に出したくない市民への弾圧行為があった場合、「彼らは社会主義者（アカ）であった」との情報を流し、対象を型にはめていくことで批判を抑える手法が恒例化していくこととなる。

済州島での混乱が続くなか、韓国は１９４８年8月15日、李承晩を初代大統領として建国を果たした。本来であれば、建国が行われ、国としての意志統一がなされる所であったが、同年10月19日に済州島への出動命令が下された全羅南道麗水《ヨス》郡駐屯の国防警備隊第14連隊内において、南朝鮮労働党からの指示を受けた兵士が反乱を起こす事件が発生する。決起の際、部隊内で殺害行為が行われ、警察官や李承晩派の住民も多く犠牲になった。反乱は麗水郡から隣の順《スン》天《チョン》郡にも広がったことで、一般にこの事件は「麗水・順天事件」と呼ばれている。部隊としての反乱は1週間ほどで収まったものの、ゲリラ化した関係者の掃討を目的に多くの一般人も殺害された。つまり、済州島と同じような状況が対岸地域でも起きたのであり、韓国国内の状況は建国にともなう安定とは程遠かった。

そして、韓国政府は麗水・順天事件を受けて、南朝鮮労働党関係者への粛清を決定する。そこで注目された一人が朴正熙であった。反乱を起こした連隊への掃討作戦に参加していた朴正熙であったが、党員である事実から同年11月11日に逮捕されることとなる。当初、朴には死刑の判断がなされていたものの、翌年4月の軍法会議において周囲の嘆願や彼自身の自白内容が多岐にわたったこと等を受けて、死刑は免じられた。ただし、彼は少佐の職を解かれ、嘱託の身分で陸軍情報課北韓班状況室長として情勢分析を行う文官にならざるを得なかった。軍人の職に自らの可能性を感じてきた朴正熙にとって、これは大きな挫折にほかならなかったのである。

振り返ってみれば、朴正熙は5年ほどのあいだに、日本軍、海外臨時政府、共産党系団体、韓国軍に籍を置いたことになる。その経歴だけを単純に見れば、変節をくり返しているようにも捉えられ、実際に彼を批判する人たちのあいだでは、そうした指摘も多く聞かれる。しかし、彼の思考方法としては「そのとき、自らが最も力を発揮できる場所に身を置く」ということを優先していただけであった。それは周囲の期待を集めた教師の道から、天職ともいえる軍人の道を選択したときまで変わらぬ姿勢であり、後述するように、彼は韓国の経済成長を押し進めた際にも、建て前や常識にとらわれず、柔軟かつ大胆に政策を実行した。もちろん、そうした姿勢は対立を招く部分もあったが、朴正熙という人物を理解する上で、日本の敗戦から朝鮮戦争開戦に至る時期の変遷は極めて示唆的である。

覚醒前夜の金大中

一方、金大中は、未だ政治とは距離のある生活をしていた。日本の敗戦からの3年間、アメリカ軍政府への不満は国内に常に滞留し、それはしばしば全国的なデモに発展した。それに対して、米軍政府側は警察の発砲を容認し、戒厳令を発令するなど、国内の対立は深刻なものであった。1960年代以降の金大中の姿勢を知る者であれば、彼がデモの先頭に立ちアメリカ軍や警察の強硬な姿勢を非難しつつ、苦しむ住民の声を代弁していたのではないかと想像してしまう。しかし、当時の彼から受ける印象は、やり手で周囲からの信望も厚いビジネスマンといったものであった。

日本人が経営していた海運会社に勤務した金大中であったが、終戦に伴い日本人経営者は本国に帰らざるを得ず、残された韓国人社員の推挙を受けて、会社の経営は弱冠20歳の金大中が担うこととなった。そこには彼自身がもつ資質やカリスマ性、あるいは地域の名門であった商業学校で培った知識なども加味されていたものの、そうした幸運を得て、金大中は地元では知られた存在となっていく。

その後、社内の対立、および日本人の資産はアメリカ軍の所有となる規定等もあって、金大中は同社の経営権を手放し、1948年に自らの海運会社「木浦海運公社」を設立する。以前の経験や自らの手腕もあって、木浦海運公社は順調に業績を伸ばし、地域を代表する企業へと成長していった。そうして資産家としての地位を確立した金大中は、足場を置く政治団体を社会主義色の強い「建国準備委員会」や「新民党」から、民族主義色の強い右派系の「大韓青年団海上団部」へと変えることとなる。朴正煕と同様に自らの立場を変えたともいえるが、そもそも当時の金大中にとって政治に対する姿勢は、強い理念に燃えるというよりも経済的な立ち位置に合わせるものであった。何十万人規模のデモ、戒厳令といった、その後の金大中を語る際に枕詞のように登場する事態が起きていても、当時の彼にとっての関心事は事業をいかに進めるかという点だったのである。しかし、そうした彼の認識を大きく変える朝鮮戦争は間近に迫っていた。

朝鮮戦争という人災と転機

本来起こり得ない戦争

韓国は1948年に建国したとはいえ、国内にゲリラ組織が存在するなど混乱の最中にあった。加えて、朝鮮半島においては北部に急流が多く、水力発電に適していたことから、工業地域が北朝鮮（韓国に遅れること約3週間、1948年9月9日に朝鮮民主主義人民共和国が建国宣言を行った）に集中し、韓国は経済成長を支える産業を模索する必要があった。しかし、そうした不安定な状況下にもかかわらず、1950年6月25日に北朝鮮軍が国境を大きく越えて韓国国内に進軍したため、朝鮮戦争が勃発することとなる。

冷静に考えてみれば、ようやく建国を果たした両国が、同じ民族のあいだで争うことはあまりに不自然である。「法律の整備」「経済政策の確立」「日本の植民地期に代わる新たな政治制度の導入」といった問題が山積しているなかで、国家の存亡をかけた戦いに打って出ることはリスクが大き過ぎよう。その決断が下された理由の主たる部分は、両国の指導者の経歴に拠っている。

韓国の初代大統領であった李承晩は1912年にアメリカに亡命し、34年間を海外で過ごした。そうした活動の経歴を重視したアメリカ軍政府は彼を指導者に選んだのである。また、李承晩自身も1945年に帰国した後、韓国国内での権力争いを勝ち抜き、その地位を築いていった。一方で、北朝鮮においては、かつてソ連の後押しを受けて抗日パルチザンとして活躍してきたとされる金日成《キム・イルソン》(3)が首相となっていた。彼も李承晩同様、国内の競争を勝ち抜き、大国の後押しの下、権力を確かなものとした。つまり、当時の両国の指導者は大国に身を寄せて独立運動を行っていて、その後、母国に戻った経緯によって、国内の支持基盤が十分ではなく、冷戦構造下にあった米ソの影響を受け入れざるを得ない面があったのである。

そして、朝鮮戦争で最も不可解なのは5年前まで同じ国のなか（植民地下）で暮らし、言語、民族、宗教といった対立要因のない両国が500万人以上の犠牲者を出すという正に血で血を洗うような戦争を行ったということである。朝鮮戦争が始まってから半年後、文在寅の両親は北朝鮮から韓国にアメリカの貨物船で避難しているが、植民地期の朝鮮半島と、朝鮮戦争中の韓国のあいだには、それほど大きな経済上のちがいはなく、韓国社会に適合することにほとんど抵抗はなかった。つまり、韓国と北朝鮮のあいだには、資本主義と社会主義という冷戦構造以上の対立点はなく、前掲のように国内で思想上の転向も珍しくなかったことから、激化した対立はあくまで外来的なものであった。

その後の本書の主人公二人の歩みを考えてみても、朴正熙にしろ、金大中にしろ、極めて意志の強い人間であり、経済上あるいは外交上の成果を見れば、両者は決して先の見通しが利かない人物ではない。しかし、そうした二人が1945年から5年のあいだにしばしば自らの立場を変えつつ、将来を模索していたことを考えれば、当時の韓国と北朝鮮の多くの国民が米ソあるいは自らの指導者の方針に従うまま戦争へ巻き込まれていったのは無理からぬことであっ

（3）　金日成（1912〜1994）平安道生まれ。幼いころに家族で満州に移住。成人後、抗日パルチザン運動に従事し、後にソ連軍に編入。第二次世界大戦後、朝鮮半島に戻り、北朝鮮独立後から死去まで同国の最高指導者を務める。

た。

そして、もたらされた悲劇によって韓国国内にいくつかの思考傾向が生まれた。まず、よく知られており、政府の公式見解に近いのは「アメリカに対する感謝」である。朝鮮戦争初期において、韓国軍は悲惨なほどの劣勢に立たされるのであるが、アメリカが国連軍の主体となって援軍に回ったことで韓国は攻勢に転じ、現在の北緯38度線付近で戦線が膠着する状態までもち直すことができた。そのため、韓国の窮地を救い、自らも血を流したアメリカに対して韓国では恩義を感じ、その後の米軍の駐留によって北朝鮮からの圧力を跳ね返すことができたと捉えられている。そうした認識は、韓国の保守層に広く定着しているものである。

一方、朝鮮戦争による民族の分断は、当然のように強い憂いと怒りも生じさせた。朝鮮半島の無辜の民衆が、国の行く末も分からないまま、大国や一部の政治家の方針に翻弄され、本来そこに無かった対立構造を抱えさせられたことは、正に民族の悲劇であった。そうした背景から、彼らは同胞である北朝鮮の人びとに理解を示し、自らをそうした方向に向かわせた「アメリカや自国の保守政治家への反発」も広がった。韓国においては、彼らは「進歩派」あるいは「進歩」と呼ばれることが多く、日本では「リベラル」といわれる層に当たる。

政治家、金大中の誕生

そうしたリベラル層の代表的な人物が金大中であるが、彼がビジネスマンから民主化を目指す政治家に立場を変えた契機となったのは、朝鮮戦争での経験であった。木浦海運公社は設立以降、他社を圧するほどの発展をとげていた。彼は韓国各地を仕事で飛び回る日々を続け、朝鮮戦争開戦の日もソウルの明洞《ミョンドン》で海軍の友人と昼食をとっていた。そして、食事を終えた後、軍用トラックによる緊急告知によってようやく当日の朝に北朝鮮軍の侵攻が始まったことを知ったのである。見方を変えれば、北朝鮮軍が侵攻した国境からさほど離れていないソウル市内において誰もが日常生活を送っていたほど、北朝鮮との本格的な戦争が始まるという危機感は共有されてはいなかった。

その奇襲によって、ソウル市民は正にパニックに陥る。開戦の2日後、李承晩大統領は特別列車でソウルを去り、ソウル市内に乱入した北朝鮮軍の侵攻を止めようとした韓国軍は、市内を流れる川幅1キロほどの漢江《ハンガン》にかかる大橋を渡っている人が大勢居たにもかかわらず爆破してしまった。そうした犠牲者が居たことからも分かるように、北朝鮮が侵攻してきたソウルの北側には金大中を含む多くの住民が残されており、北朝鮮軍やその賛同者による「人民裁判」という形をとった処刑すら発生していた。危機感を募らせた金大中は、渡し船を友人らと購入して対岸に渡り、徒歩で自宅を目指した。その後、20日をかけてほうほうの体でソウルから400キロ離れた木浦に戻った金大中であったが、北朝鮮軍の進撃の速度は彼の歩幅を大きく上回り、その侵攻のなかで地域を代表する資産家となっていた金大中の家や会社は攻撃の対象となり、弟は連れ去られ、家財道具一切が没収されていた。

途方に暮れた金大中であったが、すでに木浦を抑えていた北朝鮮軍は彼が帰宅したとの情報を得て、臨時の警察署へ連行し暴力的な尋問を加えた。しかし、満足な情報を聞き出せないと分かると、彼の処刑が決まった。数日後、講堂に収容者が集められ一斉に処刑が始まると、人びとは混乱に陥ったが、理由は不明ながら（移動のトラックが壊れたからとも、北朝鮮軍の木浦撤退が始まったからともいわれる）急遽その蛮行は中止された。刑務所に戻された金大中らは、その晩、周囲と図り、刑務所を脱走した（逃走中に拘束されていた弟とも会うことができ、ともに数日間、身を隠した）。この後も彼は度々死を覚悟する瞬間を迎えるが、その最初がこの事件であった。

九死に一生を得た金大中は海運会社の拠点を地方都市の木浦から、当時、韓国の臨時政府が置かれていた釜山《プサン》へ移すこととなる。事業では大口の契約を確保し、木浦の新聞社を買収するなど、会社は一層の隆盛を誇った。同社における労働者の待遇が良好であったことから、各種労働団体との関係も良好であり、周囲は金大中がこのまま事業を順調に拡大していくものと考えていた。しかし、彼は、自らを死地の間際まで追い込み、民族を分断し、多くの殺戮が朝鮮半島に広がったことは、当時の李承晩大統領に問題があると捉えるようになっていた。そうした思いに突き動かされ、彼は政治家の道を志すに至る。

政治家として金大中が最初に臨んだ木浦における1954年の国会議員選挙では、無所属で出馬した彼に対して与党であった自由党から圧力がかかり、労働組合を中心とする支援者にも逮捕者が続出する事態が発生した。結果、金大中は落選し、その後も困難を抱え続けた彼は順調であった事業を投げ打って、政治の道へ邁進していくこととなる。

これから約10年後、金大中は民主化運動の象徴的な人物となっていくが、彼の政治家としての出発点と韓国の民主主義には、共通性がある。それは、外的な要因によって物事を決められるのではなく、自ら判断を下したいという強い渇望であった。金大中が政治家を志す契機は冷戦の影響が色濃い朝鮮戦争であったが、韓国にとってのもう一つの悲劇は植民地支配である。その二つの悲劇において、韓国の市民はただ翻弄されるしかなかった。そうした後悔と苦痛が、自らの方針は市民一人ひとりが決めなければならないということ、すなわち民主主義の重要性を韓国人に悟らせたのである。韓国の民主社会の実現を願う人びとにとって、政治家を志した際の意思を貫こうとする金大中は希望を託すに足る存在であり、両者の思いが合致した結果が、彼のその後の政治活動であった。

1950年代の苦難と4月革命

一方、後に保守を代表する存在となる朴正煕は朝鮮戦争が本格化するなかで、自らの資質によって、立ち位置を軍隊内で改めて確立し、生活を安定させていく。前述のように文官として朝鮮戦争を迎えた朴であったが、開戦当日は母親の法事で帰省していた。緊急招集を受けた彼は一路ソウルの勤務地に戻ったものの、軍や政府の機能はすでに水原《スウォン》に移転しており、金大中と同様、渡し船を用いて漢江を渡航したという。かつて南朝鮮労働党に所属していたために、共産党へなびくのではと軍内に懸念もあった朴正熙が必死の行程を経て水原にたどり着いたことで、軍隊内での彼の信頼は回復した。

そして、時を同じくして彼の私生活も安定を迎える。かつて、離婚や事実婚の経験のあった朴正熙であるが、あまり結婚生活は長続きしなかった。そうしたなかで、彼は見合いで知り合った陸英修《ユク・ヨンス》と1950年秋に再婚する。後の話となるが、彼女は大統領夫人として夫を支え、その献身と慎ましさから「国母」と慕われていたものの、朴正熙の身代わりとなって命を落とす。それ以外にも陰に陽に、韓国政治のなかで彼女の存在は後世に大きな影響を与えていく。なかでも、最も大きなできごとは1952年2月2日、朴槿恵を生んだことであろう。紆余曲折を経て、34歳で陸英修とのあいだに子どもを授かった朴正熙は朴槿恵をはじめ、その弟と妹の3人を非常に大事に育てたという。

人びとの変化はもちろんのこと、朝鮮半島を混乱に陥れた戦闘は1953年7月に休戦協定が結ばれ、一区切りがつけられた。ただし、よく知られているように、これはあくまで「休戦」であり、戦闘が一時的に中断しているに過ぎない。その後、現在に至るまで南北両国のあいだで、数年に一度は小規模な軍事衝突がくり返されている。そうした脅威の存在が、韓国における朝鮮戦争の原因の一つとなった「反共意識」や「対北脅威論」を継続させていった。

また、混乱のなかで韓国の大統領を務めた李承晩は、当初定めた「任期4年、再任は1回まで」という憲法の規定を半ば強引に変更し、総選挙の際には先述の金大中の事例に代表されるように野党側に妨害行為を働くことが常態化した。加えて、自らの大統領選挙の際には直前に野党候補が2度にわたって急死するといった状況もあり、何とか権力は維持できていたものの、「建国の立役者」と見なされていた評価は1950年代末には大分不確かなものとなっていた。

1960年3月には李承晩にとって3回目となる大統領直接選挙が行われたものの、当時の彼の年齢は84歳であり、任期満了まで大統領職にあれば88歳という、「超」がつくほどの高齢となってしまう。南北の対立が続くなか、北朝鮮の指導者の金日成が当時40代後半の壮齢であったことや、不正選挙が常態化するなど民主主義を信奉しているとは感じられない政治姿勢もあって、国内はもちろんのこと、同盟国であるアメリカですら李承晩に対する懸念は高まっていた。そして、3月15日の選挙を前に野党民主党の副大統領候補であった張勉《チャン・ミョン》が大邱で遊説を行うことが公表されると、政府はその日（2月28日）が日曜であったにもかかわらず学校の登校日とした。当時は、朝鮮戦争の影響もあり、学齢期に就学できず、成人しながらも高校に通う生徒が少なくなかったことから、高校生も圧力の対象となっていたのである。彼らを含めた若い世代は、選挙で不正が横行していたため、直接行動によって政府に対する反対の意志を表明しなければならないと感じ、デモを起こした。このデモは全国に広がり、その後の選挙において、民主党が不正や妨害行為の横行を理由に、選挙結果の受け入れを公表前から拒否したことで、混乱に拍車がかかった。

李承晩政権に対する反発は止まることを知らず、政府は危機感を強めていた。そして、4月18日の高麗大学の学生を中心としたソウル市内でのデモの参加者に対して、政府の息のかかった暴力組織が暴行を加えた事件が発生する。それを契機に政府への批判は頂点を迎え、翌19日には大学生を中心として数十万人にもおよぶデモ隊が大統領官邸前などに「大統領退陣」を求めて集まった。しかし、彼らに対して警察が無差別発砲を行ったため、怒りの炎は韓国全土に広がることとなる。政府は戒厳令を出して火消しを図ったものの、あまりの市民の反発に軍は政府の指示を無視して静観を決めこんだ。

その後、李承晩政権は閣僚の辞任などで事態の幕引きを図ろうとした。しかし、多くの学生が犠牲になったことを受け、4月25日に大学教員が平和的なデモを起こしたため、進退が極まったと見た李承晩大統領は翌26日退陣を発表し、かつての亡命先であるアメリカに再度亡命した。この事件の大きな転機となったのは4月19日のデモであったことから、韓国ではこれを「四月革命」「四・一九革命」あるいは「四・一九《サイルグ》」などと呼び、大韓民国憲法の前文冒頭でも先述の「三・一独立運動」と並んで「三・一運動で建立された大韓民国臨時政府の法統と、不義に抗拒した四・一九民主理念を継承し、祖国の民主改革と平和的統一の使命に立脚して……」との文言が掲げられている。つまり、選挙に基づく民主主義は当然のこととしつつ、政府による民意を無視するような不義に対しては、主権者である国民自らが行動を起こすことの意義が韓国においては重視されていることが分かる。

政府が腐敗し、それを隠蔽したり、反対運動を押さえつけようとすれば、選挙で正しい結果は出ない。自らの意志が政治に反映されることを強く望む人びとにとって、その判断材料を歪めようとする李承晩政権の振る舞いは民主主義そのものの危機と捉えられた。この危機感は、保守・リベラルを問わない問題として共有されたことから、現行憲法での言及も行われたのである。

四月革命は暴走した大統領を辞任させ、そして国外追放にまで追いこんだ事件であり、政府側の暴力的な弾圧に屈せずに抵抗を続けた国民の姿勢は韓国の民主主義の一つの拠り所となった。ただし、本書の主人公はこの事件にはそれほど関与していない。金大中は民主党の副スポークスマンとしてデモでシュプレヒコールを上げていたものの、政府の妨害もあって落選をくり返していた。また、朴正熙は陸軍の少将に出世していたものの、当時の勤務地は釜山や大邱であり、ソウルにおける動乱とは一定の距離があった。この二人が歴史の表舞台に立ち、民主化と経済成長という命題を抱えて対立を深めるまでには、あと1年の時間を必要としていた。

第2章 経済と民主主義の分岐点

革命政権と5・16クーデター

期待外れに終わった革命政権

海外で独立運動を長年続け、かつて「建国の父」と称された李承晩は、韓国市民の強い意思によって以前とは異なる形で母国を追われることとなった。改めて彼の統治を検討してみると、デモの引き金になった選挙や政治における不正、および各種の疑惑が大きな失点になっていることはまちがいない。しかし、後の朴正熙も情報機関を用いた弾圧や不正選挙、ライバルへの暴力行為などを行い、国際的な非難を招いた。また、反共を強く打ち出す姿勢にも大きなちがいはない。しかしながら、現在に至るまで朴正熙への評価は李承晩に比べ明らかに高い。もちろん、個人的な資質上の問題もあると思われるが、やはり最も大きいのは経済政策の成果であろう。李承晩が大統領を務めた時代、韓国は経済的な浮上のきっかけをつかめなかった。一方で、朴正熙は韓国を先進国へと導く道筋を立てた。韓国の人びとが、自らの生活が向上していった実感によって、朴正熙は今もその統治時代を知る世代に強い郷愁を感じさせる存在となっている。

こうした評価基準は、李承晩政権を倒した後の民主党政権に対しても同様に向けられた。彼らは民主主義を求める市民の怒りを味方に政権を移譲させたものの、そこには明確な将来へのビジョンは無かった。大規模なデモを行えたとしても、指導者が将来への青写真をもたなければ、不満ととまどいが残るだけに終わってしまう。そして、当時指導者の役目を担うことになったのが、4月革命から3か月半が経過した後に大統領に就任した尹潽善《ユン・ボソン》と首相に就任した張勉《チャン・ミョン》であった。新たに改正された憲法によって、大統領は形式上の元首となり、責任内閣制の下、首相が最も大きな権力を担うとされた。こうした権力の位置づけは、70年の韓国憲政のなかで、この時期だけのことである。

植民地期の韓国で有数の資産家の家に生まれた尹潽善は日本、中国、イギリスに留学し、地主階級の息子として40代後半まで明確な責任の無い立場で過ごした。しかし、そうした地盤や人脈が彼を建国後最初のソウル市長や、ソウル中心部（鍾路甲区）選出の国会議員といった地位にまで押し上げていく。

一方、熱心なカトリックへの信仰をもった中産階級の家に生まれた張勉は、大学時代からアメリカへ留学する国際派として鳴らし、朝鮮戦争の際には駐米大使として国連にて韓国の立場を述べ、国連軍の出兵を促す上で大きな役割を果たした。そして、李承晩が大統領として過ごした最後の4年間、張は野党選出の副大統領としての地位にあった（当時、大統領選挙と副大統領選挙は別々に行われていたため、野党の副大統領も存在した）。しかしながら、張は政権内で冷遇され、李承晩大統領が背後で関与していたとされる発砲事件の被害を受けるなど、苦難の時を過ごした。

1960年以前から韓国で重要な位置を占めていた二人であったが、相互に信頼関係は築けず、人事等の対立をくり返す内に4月革命から1年が経過してしまった。本来であれば、民衆の意志で大統領を追放するほどの革命がなされた後であれば、政治が前政権の悪弊を駆逐し、希望にあふれた政治が行われるというのが理想的な姿であろう。しかし、当時の民主党政権では「旧派（尹潽善側）」と「新派（張勉側）」との対立に精力が注がれ、政治改革や充実した経済政策が満足に行われることはなかった。そのため、国民の熱意は冷めてしまい、対立を重ねた政治家は疲弊してしまったのである。

5・16クーデターと朴正煕

そうしたなかで、1961年5月16日に朴正煕らに率いられた3500人の部隊がソウル市内に突入し、クーデターを起こす。すると、当時の最高権力者であった張勉首相は居住していたホテルから身を隠し、尹潽善大統領は無抵抗のまま朴正煕らを大統領官邸に迎え入れてしまった。そして、対立を重ねていた大統領と首相は一度も連絡を取りあうこともなく、民主主義の成果である現政権を守ろうともせず、クーデターの傍観者となった。18日になってようやく姿を現した張首相は、内閣を総辞職させ、その後は政治の表舞台から姿を消し1966年に失意の内に亡くなる。

当時の韓国には、政治に対する国民の失望があったが、それに加えて、軍隊内部に強い不満が渦巻いていたこともクーデターを後押しした。前述のように朴正煕は朝鮮警備士官学校に2期生として入学し任官の道を進んだものの、南朝鮮労働党の党員であったことで、その能力に比べて出世は大幅に遅れた。そして、出世の遅さは、入学時期が朴正煕の2、3年後の若手将校に一層顕著であった。教育課程が充実し、育成期間が延びた彼らの任官は朝鮮戦争開戦以降となり、その年代よりわずかに早く入学した将校らは朝鮮戦争の動乱のなか、驚くほどの早さで出世していった。一方、戦争により大量に軍人が増えた世代は出世のチャンスを逸し、自らが冷遇されているとの不満を抱えるようになったのである。

しかし、彼らには別のこだわりもあった。8期生に当たる世代が入学したのは、1948年に韓国が建国した直後であり、同時に校名も「陸軍士官学校」と変更されたため、8期生は自らを新生韓国の士官学校1期生と捉える見方が強かったのである。そうした8期生の若手将校の中心人物であった金鍾泌《キム・ジョンピル》(1)は、朴正煕の亡兄・朴相煕の娘と1951年に結婚している。二人の接点が生まれたのは陸軍本部情報局においてであり、文官の作戦情報室長であった朴正煕と士官学校卒業直後の金鍾泌は対峙する北朝鮮の分析等を行っており、その仕事ぶりや性格面から両者は意気投合した。そして、結婚後しばらくは、朴正煕夫婦と金鍾泌夫婦は一軒家に同居するほどの親密な関係であった。

そうした縁もあり、出世に対する不満を溜めこんでいた若手将校らにとって、不十分な嫌疑によって出世の機会を逃しながら、自らの立場や将来へのビジョンを明確にし、人望もある朴正煕は、自分たちの期待を担えるリーダーと映った。そして、幼い頃からナポレオンなどの軍人出身の政治家に憧れを抱いていた朴正煕にとっても、政治の停滞が顕著であった当時の状況は、自らが立つべき時と感じられたのである。

(1) 金鍾泌(1926~2018)忠清南道出身。軍事クーデターを経た1963年に陸軍准将へ昇進した後除隊し、政治家へ転身。71年6月から5年6か月首相を務める。60年代から90年代にかけて常に権力の近くに居ながら最高権力者の地位に就けなかったことから「永遠のナンバーツー」との異名もある。

朴正熙はクーデターの司令官でもあり、その進行に抜かりは無かった。このクーデターは3500人規模で行われたもので、当時の韓国軍の総数が約60万人であったことを考えれば、ごく少数による決起であり、その効果を明示する必要があった。そこで、彼は早朝の内に国営放送KBSを占拠し成果を喧伝するとともに、陸軍本部を占拠し系統立った軍隊の反発を困難にした。そして、中央庁舎や発電所も抑えたことで、クーデターは成功裏に終わったのである。

そうして軍事政権である国家再建最高会議がクーデター3日後に始動する。当初、議長に張都暎《チャン・ド ヨン》中将を立てていたものの、尹潽善大統領同様、名目上の存在であり、就任後2か月にも満たない7月3日に副議長であった朴正熙主導の下、彼は失脚を余儀なくされる。その後、議長に就任した朴正熙は名実ともに韓国の最高権力者となった。

くり返される金大中の苦難

「先生、当選しました！」

朴正熙が権力の座に足をかけることとなったクーデターの2日前、金大中は自らを中央政界に招き、キリスト教への改宗へと導いた張勉首相に喜びの電話を入れている。度重なる妨害のなかで落選を続けてきた金大中であったが、落下傘候補として活動を続けた江原道・麟蹄郡の選挙区における補欠選挙（その前の選挙で金大中と争った当選者が不正行為により失職したことを受けての選挙）で勝利を収め、念願の国会議員に当選したのである。

しかし、5月16日にクーデターが発生すると国会は即座に解散を命じられ、金大中から喜びの報告を受けた張首相は自らの内閣とともに辞職した。金大中がクーデターの報せを受けたのは麟蹄においてであり、結局、彼はソウルの国会議事堂に一度も足を踏み入れることのないまま当選資格を失ってしまう。これまでの歩みを見ても、金大中という人間の人生がもつドラマ性は他に例を見ない。恐らく、この当選に至る過程とその後の展開も創作であったならば、陳腐なほどにできすぎており、書き出すのを躊躇うほどである。

そんな失意の彼をさらに襲ったのが、新政府による逮捕であった。国会を解散させた布告で、張政権の解体、官僚の逮捕、すべての政党の政治活動の禁止等も宣言されており、その後の布告では政党の解散も命じられた。そうした状況下において、民主党のスポークスマンであった金大中は腐敗した政党政治の中心にいた人物と見なされ、汚職の罪で簡単な取り調べの後、刑務所に入れられてしまう。

ただし、逮捕された金大中に対して検事が下した判断は「嫌疑なし」というものであった。そして、金大中と同様に張政権内の有力者に対して、各種の嫌疑がかけられたものの、収賄罪に該当する者は有力者にはおらず、その部下の一人が罪に問われただけであった。つまり、4

月革命で成立した民主党政権においては、少なくとも汚職は蔓延していなかったということになる。たしかに、彼らは明確なビジョンもなく、経済発展という恩恵を国民に提示することはできなかった。しかし、朴正熙がクーデターの当日に発表した「革命公約」のなかで挙げた「現政権の腐敗」は存在せず、民衆の声によって作られた政権は武力によって脆くも瓦解したのである。

　嫌疑を晴らした金大中であったが、彼が寄って立つ政党は解散させられ、国会議員の職そのものが無くなり、1962年3月に制定した「政治活動浄化法」によって、すべての活動は封じられた。その状況は彼だけに止まるものでなく、政治活動が禁止された政治家は4369人に及び、金大中のライバルであり、時に同志でもあった金泳三《キム・ヨンサム》も同様の立場に置かれた。そして、従来以上に飾り物としての立場に置かれた尹潽善大統領は「政治活動浄化法」制定に抗議する形で、同年3月、その職を辞している（その後、朴正熙が大統領代行の地位に就く）。その結果、韓国の民主主義は軍事政権の前に名目の上でも、姿を消してしまった。見方を変えれば、わずか2年ほど前には、李承晩大統領が戒厳令や自国民への発砲などの形を採るほどに国中に燃え上がった民意はすっかり霧散してしまったのである。

　現職の主要な政治家の活動を封じこめた朴正熙政権は、その後、徐々に政治家の活動を解禁しつつ、自らが作った政党「民主共和党」への参加を呼びかけていく。これに呼応するか否かで、政治家はその後30年近く続く対立構造である、「民主化勢力」対「軍事勢力」という枠組みのどちらかにふり分けられていった。

また、朴正熙らが起こしたクーデターにおける「革命公約」では、革命の目的がとげられたならば、指導部は新しい良心的な政治家に政権を移譲し、軍人本来の業務に戻ると述べられていた。この文言は「革命公約」を起草した金鍾泌が原案を朴正熙に見せたところ、基本的に賛成しながら「これだけは」と追記した内容であり、このクーデターは権力奪取を目的としていないとの意思を示すものであった。しかし、実際には朴正熙をはじめクーデターの実行者らは、政治の現場で権勢をふるっていく。次第に行政の幹部の半数近くが軍人出身者で占められるようになり、１９６３年８月末に朴正熙は軍人を退役し、前年に改正された憲法に従い、選挙を経て同年10月大統領に就任した。対立候補は、新たに形成された民政党の尹潽善・前大統領であったが、朴正熙は約15万票という僅差で辛くも勝利を収めた（朴正熙：４７０万２６４０票、尹潽善：４５４万６６１４票）。この15万という差が、韓国の将来を良くも悪くも決定づけることとなる。

経済効率を最優先した朴正熙

著書で掲げられた成果

朴正熙が自らの政体をどう捉えていたのかという点について考えるとき、1963年の大統領選挙直前に出版された著書『国家と革命と私』は大変興味深い。クーデターを起こして実権を握った2年半の評価を問う選挙を間近に控えていたことから、彼が韓国国民に対して何をアピールしたかったのかが見えてくるためである。本来であれば、クーデターの正当性や必然性を滔々と述べていく構成がとられると思われるかもしれないが、そうした事項にかんしては最初に数ページ言及されただけで終わってしまう。その後は、経済書かと見まがうほどに、各種のデータが示され民主党政権が成し得なかった経済成長を自らが達成したことが強調されている。そうした記述がなされた後に、クーデター自体に対しても、「経済的な使命感によって起こされた」と述べていることは象徴的であった。

また、同書の中盤に前述の「革命公約」が提示されているのであるが、そこではクーデター当時に出されたものから民主勢力への政権移譲、および軍人業務への帰還という項目は削除されている。その点にかんして朴正熙は、旧来の政治家の政治活動を解禁した直後から、クーデターを起こした理念や政策に対する非難が政治家から行われ、進行中の施策の停滞を引き起こしたとして、朴正熙自らが政治に関与するしかないと決意したと主張している。この論法は、後述する1972年の維新クーデターの際の朴正熙の主張につながっていることを予め注記しておきたい。

クーデター後の「2年間の報告」という章でも、旧来の政治家に対して「病原菌」あるいは「旧悪の清掃」といった文言を用いて非難している。そして、政治活動浄化法によって政治活動を禁止したことは、彼らに反省の機会を与えるものであったと主張する。また、その後は前章同様に「第一次五か年計画」の報告ならびにデータが続き、経済的成果が強調されるといった構成がとられている。

そして、自らの政治的方針については、「反共」であることが折に触れて強調されている。特に、韓国政治の混乱が北朝鮮および国内の社会主義勢力の拡大を招き、1961年のクーデター直前に韓国の学生が主導する形で北朝鮮の学生とのあいだに共同委員会形成を提起した動きがあったことが非難の対象となっている。一方で、朴正熙が採用した経済政策には、社会主義の代表的手法である計画経済が取り入れられ、後述するように財閥企業も政府の管理下に置いていた。政治的主張とは相矛盾するような経済政策であったが、その成果は明らかなものがあり、韓国の経済成長率は第一次から第二次までの五か年計画が行われた1962年から71年まで年平均8・6％を記録し、その後の経済発展の基盤を作った。

こうした経済的な手法や自身の経歴から、朴正煕には戦前の満州国の影響が指摘されることも多い。満州国で総務庁次長を務めた岸信介も反共の立場を取りつつ、計画経済を導入するなど満州国の全体像を設計し、同国を「自らの作品」と述べていた。事実、戦前の日本で高等教育を受けた者のなかでは、ロシア革命で現実のものとなった政治経済理論である社会主義は賛成・反対の立場は別にして、内容自体は教養として常識化していたのである。東京帝国大学に学び各種官庁業務を歴任した岸にとっても、満州国軍軍官学校や日本陸軍士官学校で学んだ朴正煕にとっても、その手法を取り入れることに大きな抵抗はなかった。ある意味、朴正煕にとっては「計画経済が社会主義的手法であるか否か」ということは大きな問題ではなく、「貧困に喘ぐ韓国国民にとって何が有益か」という視点が優先したのである。それは20代から30代にかけての紆余曲折のなかで、人生を切り開いていった朴正煕の生き方に符合している。

財閥政策と経済主導のベトナム参戦

ここから朴正煕の経済を優先した主要政策を列挙していくが、まず財閥との関係が直接的なものとして挙げられる。植民地期には制限されていた韓国人による企業経営は日本の敗戦を機に活発なものとなった。現在も活動するサムスン、現代、ＬＧといった企業も李承晩大統領の時期に発展の足がかりをつかみ、事業を拡大させている。その一方で、残留資産の払い下げという特性から、それを管理する政府と資本家のあいだの癒着が強まった。当時の財閥経営は政府との関係形成に力を入れる部分が強く、市民の反発も大きかったとされている。そこで、朴正熙は一部の企業家を断罪しつつ、銀行を政府が管理することで、財閥企業を自らの政策の一翼を担わせる存在とした。それにより、財閥企業も韓国の経済発展と共に事業規模を拡大していくこととなった。一見、朴正熙の断固たる方針の下、財閥企業をコントロールしているように思われるが、政府と財閥企業との関係の深まりは当然のように新たな癒着を生み、その構造は次第に韓国の病巣ともいえる存在になっていく。

そうした財閥に対する政策は、「腐敗の排除」ととらえられ国民の支持を集めたものの、国民に直接の負担を課し、人的被害が確実視されるベトナム戦争への派兵問題については賛否が分かれた。1954年7月にジュネーブ協定により北緯17度線を境にして、アメリカの支援する南ベトナム（ベトナム共和国）とソ連の支援する北ベトナム（ベトナム民主共和国）にベトナムは分断された。当時のアメリカは一国が共産化すれば、それが地域全体に広がるという、いわゆる「ドミノ理論」を支持しており、1960年代に入ると南ベトナムに対して一層の介入を進めていた。そして、1964年8月、北ベトナム軍の哨戒艇がアメリカの駆逐艦に魚雷を発射したトンキン湾事件を機に、同地での戦闘は冷戦構造のなかで拡大していくこととなる。

アメリカが戦闘状態に入ったことで、韓国国内にはかつて朝鮮戦争においてアメリカ軍が3万人以上の犠牲を出しながら軍事協力してくれたことへの恩義などから、ベトナム戦争に協力すべきであるとの主張が行われるようになった。実際に、1964年9月には医療関係者が第一陣としてベトナムに渡っている。

そして、朴正熙政権には、恩義以上の参戦理由があった。第一に、自らの国際的な地位の確立である。当時のアメリカ政府はクーデターで政権をとり、その後、民主主義体制に移行しない朴正熙政権に対して否定的な姿勢を見せていた。そこで、ベトナム戦争に参戦することにより自らの政権の正当性をアメリカに認めてもらい、各種の関係を円滑にしたいとの意図があったのである。

第二に、安全保障上の問題である。韓国とすれば、ベトナムにおいてアメリカの旗色が悪くなることは、世界的に社会主義陣営の勢力が強まることを意味していた。中国やソ連を後ろ盾とする北朝鮮と国境を接する韓国にとって、ベトナム戦争でアメリカに協力することは、自らに降りかかる危機の低下にもつながるとの認識があった。

第三の参戦理由は、これが最も大きいと思われるが、経済的な損失回避である。朝鮮戦争休戦後の7年間で、アメリカは20億ドルの経済援助と15億ドルの軍事援助の計35億ドルという支援を韓国に対して行ってきた。その資金の矛先がベトナムに向かい、外資の注入が止まってしまうことは、朴政権にとって正に死活問題であった。派兵が行われれば、その援助が継続されるとともに、ベトナムにおける建設事業、軍関係の出稼ぎを通じても外資が入り、派兵した韓国軍の給与を含めたすべての経費がアメリカによって負担されるなど、その経済効果は多岐にわたっていた。

1966年から70年にかけての海外からの借款の割合について韓国財務部の『韓国外資導入30年史』を見てみると、アメリカが3・5億ドルで全体の71・2％を占めていた（日本は9000万ドルで18・1％）。それ以前にもアメリカから多額の援助があったことを考えれば、当時、緊密な韓米関係は多少の人的犠牲を負ってでも確保しなければならないものであった。そうして韓国は1965年10月からは軍隊を派遣し、1973年の撤収まで延べ32万人がベトナムに送られていくこととなる。それは、かつて冷戦構造によって民族の分断を強いられた韓国人が新たな民族分断を助長するという皮肉な状況が8年間続いたということでもあった。

日韓基本条約成立過程に見る韓国の選択

抑え込まれた国民の声

朴正熙大統領の経済効率を最優先する姿勢を最もよく表している政策は、日本との国交正常化であろう。1964年にアジア初のオリンピック開催を実現させるなど、急速な高度経済成長をとげていた日本との関係改善は、韓国にとって急務であった。その一方で、日本とのあいだには植民地支配の「負の歴史」があり、日韓両国は1951年から国交正常化についての交渉を10年以上進めていながら、状況は遅々として進んでいなかった。

朴正熙は当時、前掲の著書『国家と革命と私』のなかで「日本が真心から悔い改め、現行の国際情勢のなかで韓国に協調するならば、過去の歴史の傷については再論しない」との姿勢を示していた。そして、経済発展をとげた日本の資金的および技術的な支援は韓国の将来に不可欠なものととらえていた。加えて、その当時のアメリカはアジアにおける重心を戦地であるベトナムに移さざるを得ず、それまで重視してきた朝鮮半島情勢を安定させるためには、韓国と日本の関係改善が欠かせないとして、国交正常化を後押ししていた。

しかし、問題は民意であった。当時の韓国国民が求めたものは、経済協力資金といった形態ではなく、植民地時代の収奪等を踏まえた賠償金であった。また、その金額に関しても李承晩大統領時代に20億ドル、張勉首相時代に38・5億ドル規模を主張していたこと、および日本のフィリピンへの賠償金が5・5億ドルであったことなどが念頭にあった。そうしたなかで、1962年に政権ナンバー2となっていた金鍾泌と外務大臣であった大平正芳のあいだで合意された「日本側が賠償という形ではなく、有償・無償併せて5億ドルを供与する」との内容が広まると、韓国国内は収拾がつかない状況に陥ったのである。

植民地時代からは20年が経過していたものの、韓国人にとって、その記憶は創氏改名をはじめとした文化的基盤を無視した政策、および隣国に支配されたという屈辱とともに生々しく残っていた。にもかかわらず、36年間におよぶ高圧的な植民地支配が公式な謝罪のないままに「解決済み」とされることは、多くの韓国人には受け入れがたかったのである。

加えて、1953年の日韓両国の交渉のなかで日本側の首席代表であった久保田貫一郎が行った「日本は植民地支配を通じて、韓国に恩恵を与え、ソ連の植民地になることを防いだ」といった発言も火に油を注ぎ、その後の交渉過程においても同種の表現がくり返されるなかで、韓国市民の不満は積み重なっていった。こうした発言は現在でも時折耳にするが、帝国主義的あるいは文化進化論的な趣が強いもので、相手国からの視点がまったく欠如した物言いである。植民地支配を感謝するような言説は、あくまで現状が劣悪である場合のたとえとして語られるものであり、他者に支配されたいと望む者は洋の東西を問わず皆無であることはまちがいない。

そうした経緯があるなかで、金鍾泌が民意を無視して密室で日本側と合意したことが明らかとなり、溜まりきった怒りが大学生の主導する市民運動という形で噴出した。特に、日韓基本条約締結の1年前である1964年の反対運動は大きなものとして知られている。

その運動は最も盛り上がりを見せた日付から「6・3抗争」と呼ばれており、当時、高麗大学商学部の学生会長を務めていた後の大統領の李明博《イ・ミョンバク》らが主導していた。彼には当時、「国を愛する若者であれば、国の誤りを批判するのは当然の義務」との信念があった。同様の情熱に後押しされた市民の意識は、1960年の4月革命以来となる1万人以上のデモがソウル市内で起きたことに代表される。事態の収拾を急いだ韓国政府は6月3日夜、ソウル市内に非常戒厳令を出し、李明博をはじめ多くの逮捕者を出した。

その1年後の1965年6月22日に日韓基本条約(2)は調印され、国交正常化が成されたのであるが、その前後にも反対運動は強まり、4月にはデモに参加していた大学生が警官に殴打され死亡する事件すら起きた。政府は大学や高校へも介入し、休講措置を取り、8月には国会での条約批准に反対したデモに反応して大学へ武装軍人が乱入するほどの混乱ぶりであった。教育機関への介入は、李承晩政権末期の対応を想起させるものがある。そして、8月26日には衛戍《えいじゅ》令（ある地域に軍部隊を駐留させ、地域の警備を命ずる指令）がソウル市内に発動された。換言すれば、朴正煕政権が非常手段でしか事態を収束できないほど、反対の声は国内に渦巻いていたのである。

当時からアメリカは韓国にとって、さまざまな面で不可欠の存在であった。それは朝鮮戦争後から金・大平合意がなされた1962年までのあいだに、アメリカから韓国に対する援助が

35億ドルに及んだことからも分かる。一方で、それほどの規模でなくとも隣国であり経済成長期を迎えていた日本との関係強化が大きな利益をもたらすことは、一般市民でも容易に理解できた。また、順調に経済成長を主導していた朴正熙政権に対して韓国国民は、多少の政治的な弾圧を行っていても、その政策をある程度容認していた。しかし、植民地時代の総括について市民の声を封じ、その責任を曖昧なまま終わらせようとする朴正熙の姿勢は韓国国民が許容できる範囲を超えていたのである。

朴正熙自身も、そうした意識を理解していなかったわけではなく、日本について公に発言する際には極めて慎重に言葉を選んでいた。たとえば、『国家と革命と私』のなかで各国の革命について語った彼は、孫文による辛亥革命、ケマル・アタチュルク（ケマル・パシャ）によるトルコでの改革、ガマール・アブドゥル＝ナセルによるエジプト革命を取り上げているが、日本の明治維新も同様に高く評価していた。彼の明治維新に対する思い入れは強く、岸信介と初め

（2）正式名称：日本国と大韓民国との間の基本関係に関する条約。同条約により日韓の国交が回復され、大韓民国政府が朝鮮半島における「唯一の合法的な政府」であることが合意された。また日韓請求権並びに経済協力協定（日韓請求権協定）も同時に締結された。同協定により日本の韓国への経済協力の内容、および請求権問題が「完全かつ最終的に解決された」との文言が示された。詳細な法解釈については、本書「おわりに」に記載。

て会談した際には1961年のクーデターを起こした時の心情を「明治維新の志士を思い浮かべた」と述べ、後に再度クーデターを起こす際には「維新」を標語に掲げている。しかし、その評価を本文中で述べる前に、読者である韓国人に向けて「日本の歴史の記述を不快に思うかもしれないが、少しだけ我慢していただきたい」との前置きをしていることは、当時の韓国の空気を明確に伝えていて興味深い。

そうした状況にもかかわらず、朴正煕が日韓基本条約の調印を強硬に押し進めたことには、これまでも本書で度々指摘してきた「自らが最も価値を示すことのできる方法を効率第一で選択する」という彼の性格が大きく影響している。貧困に苦しむ国の大統領であるならば、理念や歴史問題の解決よりも、まずは国民に飢えない生活を提供することが自然な選択と考えたのである。

当時、朴正煕の大統領就任に伴い大統領府に居を移した朴槿恵は、父・朴正煕に対して子煩悩で、多忙のなかでも妻・陸英修に自作の詩を贈るようなロマンチストであったと述べている。それは、一般に連想される開発独裁を進めた元軍人の厳《いか》めしい姿からは想像しづらい。しかし、一個人としての朴正煕は恐らく、そうした人間であり、大統領という仕事を任されたからには、ひたすらに効率を求め、そのなかで独裁者の評価を受けることも厭《いと》わなかったのであろう。そうした姿勢が韓国に世界史上稀に見る経済成長をとげさせたのであるが、一方で、彼が削ぎ落とした各種の民主的な手法と、それを求める人びとへの弾圧は、長年韓国市民を苦しめることとなった。

金大中の信念と民主主義

自らの信念に沿った姿勢を朴正熙がとる一方で、日韓の国交正常化をめぐる金大中の姿勢もまた彼の生き方を象徴するものであった。当時、前大統領の尹潽善を中心とした野党勢力が国民の意向を踏まえ、国交正常化に絶対反対の立場を取るなかで、金大中は国交正常化自体には賛成ながら、条件について是々非々で対応すべきとの立場をとっていた。度重なる落選の後、じょじょに中央政界のなかで立ち位置を確保し、新進の若手政治家として拠点を故郷の木浦に戻していた金大中は、地元での議員活動にかんする報告演説会でもそうした主張を行った。しかし、金大中はその前の1963年11月の選挙で当選は果たしていたものの、地元警察署の情報班長が選挙妨害の実態を告発したことで、何とか実際の支持率通りの大勝を収めたに過ぎず、その次の1967年の選挙でも政権から妨害を受け、わずか2000票差で当選するといった微妙な立場に置かれていた。

そうした状況を考えれば、日本との関係を正常化しつつ、随時条件闘争を行っていくという国民の多くが望んでいない主張をすることは選挙基盤を危うくしかねない行動であった。そして、周囲の懸念通り、当時の金大中の思いが地域あるいは支持者に伝わることはなく、地元で暮らしていた父親から「お前はサクラ（与党に絡めとられた政治家の意）と呼ばれているようだが、非難を受けるようなことをしているのではないか」という政治方針を懸念する手紙すら届いた。加えて、妻や子どもも彼の家族であることで非難を受けていた。そうした場合、普通の政治家ならば自身の立場を考え、意志を曲げることが多いものの、金大中はその後も自らの主張を述べ続けた。

現実的な判断よりも、自らの意志や理想を重視することは、度々死に直面しつつも主張を曲げなかった金大中の性格を感じさせる。朴正熙と対極にあったように見られる金大中であるが、日韓国交正常化について見てみると、両者はともに推進の立場をとっていた。ただし、より深く見ていくと、その姿勢にそれぞれの性格が表れてくる。

そして、金大中のそうした姿勢は、後に大統領として活躍した時期に、日本映画や音楽などの解禁を進めつつ、歴史問題については一定の主張は行うという方針をとったことにも通じる。また、彼は当時の焦点の一つであったベトナム戦争への参戦について、北朝鮮を刺激するとして反対の論陣を張っていた。この姿勢もまた、後年の南北首脳会談につながるものである。

金大中の各種の姿勢は一貫しており、後に大統領に就任した際に実現していくことになるが、それには30年以上の時間を必要とした。その背景には韓国において軍事政権が継続したことが挙げられる。そこで、今後10年以上にわたる金大中と朴正熙の対立を語る前に、独裁的な体制を韓国国民が受け入れた構造と民主主義との関係を概括しておきたい。

民主主義という言葉が、正道であり国際的常識であるとの認識が生まれて、1世紀近くが経過している。現状から考えると皮肉なことながら、1948年に建国した北朝鮮が国名に「朝鮮民主主義人民共和国」と、民主主義という言葉を掲げていることからも、その傾向は明らかであろう。しかし、世界各地で独裁体制が民主主義を利用して成立してきてもいる。多くの場合、独裁政権は①経済的な成果、②身に迫る危機、③対抗勢力の腐敗や無策等を強調し、支持基盤を固めていく。そうしたなかで、自らの政策（延いては国民の豊かな生活の実現）を進める上で反対意見の存在が国全体の効率性を低下させ、国民的支持のある政権を揺るがすものと訴え、反対勢力（野党やメディア）の言説を抑えるために各種の方策が採用される。急速な経済的な成功と、初期段階ゆえに各種の腐敗や癒着が表面化しないなかで、民衆は政権に少しずつフリーハンドを与えていく。そして、次第に政権への疑問や疑惑が目立つようになった時には、すでに疑義を挟む手段はほとんど封じられており、それでも非難が高まったならば、政権側は国内外の危機を強調し批判の矛先を逸らす手法がとられる。そうした構図は、当時の韓国だけに特徴的なものではない。

戦後の日本と同様に、アメリカの統治から民主主義がもたらされた韓国では、それが失われることの意味を当時は十分に認識していなかった。しかし、気づけば自らの口が塞がれていることを認識したとき、韓国社会はそれを取り戻すために、長年にわたる必死の闘争を余儀なくされたのである。金大中は後年、「民主主義には血と涙が必要」と折に触れて話すようになるが、それは1960年代前半に韓国に起きた状況の反省から出た言葉であろう。

見方を変えれば、民主主義から国民を遠ざけようとする構造に対抗し、後になって反省するような事態を防ぐためには、政治的緊張感や市民による監視が常に必要であり、議論に対する絶対の信頼がなくてはならない。韓国が身をもって知ったこの危険性を、民主主義を信奉する人びとは常に胸に刻む必要がある。

第3章　経済成長と民主主義の回復

崩壊を続けた韓国の民主主義

本格的な暴走の始まり

リーダーは常に決断を下す立場に身を置いている。独裁体制をとっていれば、その判断はより大きな形で国を変える。たとえ、それが国民を苦しませる選択であったとしても。

朴正熙大統領は1965年の日本との国交正常化交渉の過程で、国内に戒厳令を発し、死者を出すほどの反発を招いた。しかしながら、日韓の国交正常化交渉に対して強硬に反対の立場を示していた尹潽善との1967年の一度目となる大統領選挙では、前回（1963年）が15万票差であったものが、116万票差に開くほどの大勝を収めた。朴正熙はそこで自らの施政に大きな自信を得たものの、1962年に自らが制定した憲法では、大統領の再選は一度のみと規定されていた。この背景には、李承晩政権が多選のために腐敗していった反省があった。ただし、ようやく本格的な経済成長の足がかりをつかんだ朴正熙大統領にとって、その規定は自らの政策目標実現の妨げに映ったのである。

そこで、朴大統領は改憲案を国会で発議させ、与野党の議論が膠着を続けた1969年9月12日には野党が控える国会本会議場を素通りし、明かりを消した国会別館に与党（民主共和党）の議員を集め、野党やメディアに目立たないように改憲案を通過させた。この手法は非常に乱暴なものであり、一部で非難の声が上がったが、その後の国民投票で改憲案は三分の二以上の賛成を得た。換言すれば、当時、朴正熙の強引な政治手法は韓国国民の一定の支持を得ていたのである。

こうした手法が受容された背景には、二つの要因があった。第一に、度々述べてきた経済的な成功である。当時は第二次五か年計画の最中であったが、第一次五か年計画は予想以上の成功を収めており、世界の最貧国に位置づけられていた市民生活はじょじょに向上していった。そうしたなかで、経済発展の陣頭指揮をとっていた朴正熙に対する支持が高まるのは、ある意味で当然の帰結であった。たしかに、韓国国民は長年自らの意識を政治に反映させたいと望んでいたものの、今日明日の食料に窮する生活の改善は李承晩政権や張勉政権では達成できなかったことであり、まずは経済成長を確保できる政体を望んだのは不自然なことではない。

第二の支持要因としては、朝鮮半島における南北関係の緊張が挙げられる。国民投票の約2年前の1968年1月21日には朴正熙大統領暗殺の命を受けた北朝鮮の特殊部隊が青瓦台の裏にある北漢山《プカンサン》まで到達するという事件が起きた。その場所は青瓦台から数百メートルほどの距離であり、その後もしばしば北朝鮮の特殊部隊や工作員の侵入が続いたことから、韓国国民のなかに「軍人出身の朴大統領の強硬な姿勢こそが今の韓国には望ましい」との認識が広がったのである。

たしかに、この時期までは韓国の市民運動が朴正熙大統領への反発を示すことは少なく、朴正熙大統領は国民の支持も得ていた。しかし、自らへの支持が高まるにつれて、朴大統領の政治手法は一層暴力や圧政の色を帯びていく。先に挙げた北朝鮮の特殊部隊の侵入後、韓国でも報復として北朝鮮の金日成暗殺を意図した特殊部隊が秘密裏に結成された。2003年に韓国で公開された映画『シルミド』でその存在が広く知られることとなる彼らは、無人島に隔離され、過酷な軍事訓練を課されたものの、後述する南北融和政策のなかで目的を失い、待遇も悪化したため、バスを奪って陳情のために青瓦台を目指す反乱を起こした。白昼に行われた銃撃事件を隠蔽することはできなかったものの、当時の政府は彼らが北朝鮮のスパイにそそのかされ反乱を起こしたとして、事態の収拾を図った。結局、彼らにかんする詳細な情報は前掲の映画が話題に上るまでほとんど抑えられ、兵士の遺族に何も知らされない状態が続いた。

暗殺に暗殺で対抗する手法の是非はもちろんであるが、ここで問題とすべきは正しい情報が国民に伝わらない体制が作られていたということである。それは民主主義にとって極めて不幸なことであった。市民に正確な情報が伝わらなければ、市民は不正確な情報に基づいて判断し、投票行動を取らざるを得ない。本来、民主的な選挙を通じて適正な審判を受けたことを根拠として、政治家は権力を国民から移譲されるのであるが、その出発点から誤った構造が当時の韓国には存在していたのである。

金大中の新たな苦闘

また、朴大統領やその周辺が見せた強権主義的な行動は、金大中にも向けられた。政治家を志して以来、落選をくり返し、苦悩のなかで最初の妻すら病気で亡くした金大中であったが、初当選以来、選挙では強さを発揮し、革新を標榜する政治家として注目を集めるようになっていた。そうした彼の行動は、朴正熙大統領やその周辺に極めて目障りなものとして映った。

当時、野党の新民党内では、1970年1月に総裁であった兪鎮午《ユ・ジノ》（63歳）が病気を理由に辞意を表明したこともあり、金泳三による「若い世代がこれからの政治を担わなければならない」とする「40代旗手論」の気運が高まっていた。そうしたなかで1970年9月29日の党大会で大統領候補者選挙が行われ、42歳の金泳三との決選投票の末、44歳の金大中は大統領候補に指名された。朴正煕大統領に独裁の傾向があるとの見方が強まっていたこと、国会での鋭い質疑などで国民の認知度が高かったこと、40代の若々しい印象等もあり、大統領選挙を前にした金大中の人気は高く、演説会は朴大統領の数倍の集客力を見せた。なかでも、1971年4月18日のソウルでの選挙演説には70万人以上ともいわれる人を集め、朴大統領の地盤である大邱においても、現職の大統領より多くの人数を集めた。

世論の劣勢を受けて、朴大統領やその周辺は各種の妨害は元より、1971年4月27日の大統領選挙当日にソウルなどの都市部において「配布された投票用紙の選挙管理委員長の捺印の種類が異なる」との理由で金大中本人をはじめ、公式に認められただけでも数千票単位の無効票を発生させる直接的な手段に打って出た（にもかかわらず、ソウルで金大中は朴正煕の1・5倍の票を得ている）。こうした妨害行為は李承晩大統領の時代にも見られたことであったが、金大中という明確な対象を得たことで、動員された人員や金銭は莫大なものとなった。そうした行動が〝功を奏し〟、朴正煕は金大中に94万票差で勝利を収めた。その際、朴大統領は「あれだけの大金を使って、私に入った票はこれだけか」と周囲に述べたという。特に、彼の印象に残ったのは、軍や地方において金大中の支持が高かったことであった。都市部において革新勢力が票を得ることは珍しいことではないが、経済発展から取り残された農民を中心とする地方の人びとや、自らの出身母体である軍人の不満を収めることが朴正煕のその後の課題となった。

そして、大統領選から1か月後、国会議員選挙が行われた。当時、懸念されていたのは与党が三分の二以上の議席を取り、朴大統領の四選あるいは再選禁止規定が憲法上撤廃されてしまうのではないかということであった。そこで野党は、選挙の旗頭として大統領選挙で大きな支持を得た金大中を担ぎ上げた。大統領選挙の結果に疑問を感じている層、朴大統領の独裁体制を懸念する層の評価を受けて、金大中は再び応援演説で各地を飛びまわった。

その選挙の前日の1971年5月24日、金大中と選挙スタッフらが地元の木浦からソウルへ飛行機で向かおうとした際に、天候が悪く便が欠航したため、空港設備の整った地域の中心都市である光州《クァンジュ》に行くように航空会社から指示が出た。じつは、この時点で企みは始まっており、その道中で金大中らの車列に対向車線のダンプカー（与党の比例代表制の8位にランクされる弁護士の所有）が突っ込んだのである。幸運にも、金大中の目視できる被害は腕からの出血程度で済んだものの、彼の存在に気づき手を振るなどして並走していたタクシーの運転手や乗客合わせて3人が事故の犠牲となった。しかし、その事件についての報道は抑えられ、その場を離れたダンプカーの運転手やオーナーへの追及も不十分のまま終わり、その後の裁判で事件はたんなる交通事故として処理された。この事件の背景には、その後、彼の仇敵となっていくKCIA（大韓民国中央情報部）の存在があったとされている。そして、その事件で腰と股関節を痛打した金大中はその後、杖が欠かせない状態となり、病状の治療は後の彼の人生、ひいては韓国の民主化に大きな影響を与えていく。

結果的に国会議員選挙では与党は226議席中123議席と議会の過半数を超えたものの、三分の二を確保できず、一方、野党は改選前の65議席から85議席と大きく勢力を伸ばした。大統領選挙に続く野党勢力の躍進は四選以降の多選を確定させる憲法改正を狙っていた朴正熙大統領にとって大きな心配の元となったのである。

頂点に達した朴正熙の独裁体制

セマウル運動と10月維新

選挙結果等を通じて政治的な反発が明らかとなる一方で、朴正熙大統領の指導下で韓国経済は一層活性化していった。特に、1970年に宣言し、1971年から本格的に動き出した「セマウル運動」（セマウルは韓国語で「新しい村」の意）では大都市中心の経済発展から取り残された農村部の経済格差の是正が目指された。都市部の後塵を拝していた農村部の状況は、朴正熙大統領が1971年に刊行した著書『民族の底力』のなかで「相対的に遥かに遅れている」と述べたほどであった。彼の強硬な政策への支持が経済成長に支えられていたこと、あるいは地方での支持の低下が見られたことを考えれば、政権を安定させる上でもセマウル運動は不可欠なものである。そして、その方針はかけ声だけに終わらず、予算や人員が注ぎこまれたことで、遅れていた地方のインフラは急速に発展し、重化学工業や都市部が主導する手法の是正は達成された。

また、セマウル運動は農村部の運動ととらえられがちであるが、都市部であっても美化運動をはじめ、共同体意識の醸成といった意識改革なども進められた。それらの活動は韓国全土で10年以上行われ、当時は国旗と並んでセマウル旗（緑を背景色に、黄色い円とそのなかに緑の芽が育つ様子が描かれた旗）が掲揚されることも多く、セマウル運動はその時代を生きた人びとにとって、韓国の高度経済成長の記憶とともにある。

そうした国民的な動きのなかで、朴正熙大統領は揺らぎはじめた政権基盤を固めるために、二つの行動を起こした。第一に挙げられるのが、硬軟織りまぜた北朝鮮対策である。１９７１年12月6日、朴正熙大統領は「非常事態宣言」を発表する。当時、米中の「ピンポン外交」やアジアにおける駐留米軍の削減に代表される東西デタント（雪解けムード）が国際的に高まっていた時期であったものの、彼は「北朝鮮からの侵略が迫っている」として、言論の自由、および集会の自由を制限し、予算の運用についても大統領が判断できる範囲を大きく広げた。また、それを裏づけるためにマスメディアや、当時一般的だった映画館でのニュース映像を用いて、北朝鮮軍の訓練の様子などをくり返し流して恐怖を煽った。一方で、韓国国内に駐留していたアメリカ軍は、北朝鮮が侵攻するとの情報が未確定であるとの見解を発表していた。

その後も朴大統領は北朝鮮への危機感を強調し続けたが、１９７２年７月４日、唐突に「南北共同声明」が発表される。そこでは民族統一を両国が目指すこと、武力挑発の禁止、交流の推進などが謳われ、ＫＣＩＡ部長であった李厚洛《イ・フラク》[1]が５月２日に北朝鮮へ渡り、交渉を行ったことで声明の発表に至ったとされた。しかし、休戦中の敵国から諜報部門の長が来訪するのであるから、南北の関係者同士の協議はそれ以前から綿密に行われていたと見る方が自然であり、現在では前年７月から南北の赤十字を通じて接触がもたれたとされている。見方を変えれば、１９７１年末に北朝鮮への危機を煽る「非常事態宣言」を発表した時点で、すでに南北の交渉は始まっており、同宣言が北朝鮮への恐怖心を利用して大統領権限の強化を狙ったものだったことが分かる。

たしかに、どの国であっても仮想敵国を設けることは珍しくない。しかし、それが国民の思考を一方向に誘導する手段として使われやすいことも事実である。本来存在しない（あるいは

(1) 李厚洛（１９２４～２００９）慶尚南道生まれ。陸軍の情報収集や諜報活動分野で活動。アメリカ軍との関係も深く、李承晩政権、張勉政権、朴正熙政権と当該分野に従事。１９７２年に北朝鮮に渡り、金日成と２度会談し、南北共同声明の基盤を形成する。しかし、翌年に金大中拉致事件の責任をとって中央情報部長を解任され失脚。

可能性が低い）危機を煽り、自らに権力を集中させる手法は仮想敵国だけでなく、国内の反対勢力をやり玉に挙げることでも同様の効果がある。そうした手法によって権力の集中を図る政治家がしばしば独裁者にたとえられるのも、その権力志向の姿勢からすれば不自然なことではない。

そして、朴正煕大統領の採った政権基盤強化のための第二の方法が、いわゆる「10月維新クーデター」である。1972年10月17日夕方、朴大統領は突然、「南北の対話を進めるために必要とされるのは強力な国家体制である」として、非常戒厳令を発令し、政府官庁周辺に戦車・装甲車を含めた軍隊を展開した。そうした迅速かつ圧倒的な行動に対し、市民や政治家が具体的な反対を示す猶予はなかった。その後、「大統領特別声明」が発表され、①国会の解散、国民の政治活動の禁止、憲法の一部停止、②憲法の代替として、「非常閣議」による立法を最高法規とすること、③「非常閣議」は10日以内に祖国統一を目指す憲法改正案を示し、1か月以内に国民投票に問うこと、④国民投票により認可された新憲法に基づき、年末までに憲政の正常化を行うこと、が発表された。3か月ほど前に「南北共同声明」が出されていたこともあり、韓国国民の多くは民族の分断が解消されるとの期待から、現行施策に反対する者（野党政治家）の存在を排除する朴正煕大統領の手法を支持した。朴正煕大統領は、彼と行動をともにした軍はもちろん、国内全体でも改めて求心力を得たのである。

そして、「大統領が国会の解散権を有すること」「選挙（実際には与党の推薦がなければ立候補できない形式上のもの）で選ばれた統一主体国民会議の代議員が大統領を選出し、国会議員の三分の一も、同会議から選出されること」「大統領再任の期限撤廃、および任期の4年から6年への延長」といった条項を定めた新憲法は国民投票で91％という圧倒的多数で承認された。もちろん、そこには国民的支持もあったが、前掲の政治活動の禁止だけでなく、メディアへの検閲の徹底や大学の休学等を戒厳司令部が布告していたことも追記しなければならない。

権力の中枢を10年にわたって占め、手法の是非はあるとはいえ、3度の大統領選挙に勝利した朴大統領の体制は通常から見れば、十分に強力なものであった。しかし、独裁的な多選の継続を志向する彼にとって、民主化の声が拡大し、金大中というライバルも登場した状況は不確かなものに映り、権力者がクーデターを起こすという一見不可解な行動をとるに至ったのである。

後の大統領らと維新体制

10月維新クーデターの根拠となった南北の関係者協議は、その後何度か行われたものの、大きな成果なく終わり、朴大統領はことあるごとに反共の姿勢を示していたこともあって、一時的に期待を集めた民族の統合は実現されることはなかった。一方で、朴正煕大統領自身への一層の権力の集中、反対勢力の排除、大統領としての多選の容認という法規定はその後も続いた。

それ以前の大統領選挙や国会議員選挙での動向からも分かるように、韓国では朴大統領に対する不満も一定数存在していた。特に、大学生は政権の横暴についての厳しい目線をもち続けており、10月維新クーデター当時、慶熙大学法学部の1年生であった文在寅もその横暴に対して、憤りを募らせていた。しかし、市民全般の政治活動は禁止され、クーデター翌日にはデモが盛んな大学に軍が派遣された状況もあって、彼は公にその意思を示すことはできなかった。そうしたなかで、文のソウルの下宿では各大学の学生とも接点があったことから、彼らと意見交換を行い、ソウル大学や高麗大学のデモにも参加する等、彼は学生運動に力を注いでいくこととなる。

大学生の10月維新体制への批判は共通したものがあり、やはり大学生で西江大学にて電子工学を学んでいた朴槿恵も実験に追われる学生生活のなかで、多くの同級生が講義の合間を縫ってデモに参加していたことを思い出とともに語っている。

たしかに、これまで述べてきたように、朴正熙大統領のなかには「国益を最優先する」という考えがあり、その原則に照らせば、強硬さを感じさせる政策について一定の理解もできる部分はあった。しかし、１９７０年前後よりその意識に加えて、自らへの権力の集中を目的化している政策が見られるようになる。それは李承晩政権にも勝るとも劣らない金権や圧力を背景にした選挙戦、権力者がクーデターを行う姿勢などに代表される。

1970年代の韓国は経済発展が本格軌道に乗り、セマウル運動もあって都市と農村の格差が是正されるなど、経済政策については極めて順調であったが、同時期における大学生を中心としたデモは、武力を用いなければ抑えきれないほどの広がりと規模を見せるようになっていた。そうした反発を生んだ多選は選ばれた本人、そしてその組織全体を停滞させ、腐敗も生み易くなる。確かに、現在に至るまで、朴正煕大統領に関する金銭的な疑惑は語られることはないが、本人がどれ程、自らを律していても、周囲は癒着を進めてしまう。また、朴大統領本人も金銭面での問題はないとはいえ、独裁体制を敷く権力者がその地位を守ることに汲々としがちになることは世の常である。

国内に朴正煕大統領の姿勢に対する反対の声が滞留するなか、彼が最も恐れた政敵である金大中は10月維新クーデター当日、日本に居た。1971年に起きた暗殺未遂事件の際の股関節への衝撃は、椎間板ヘルニアを発症させ、彼は慶応大学病院で治療を受けていたのである。その当時、韓国の政治家が体調を崩した際に日本で治療を受けることは珍しくなく、金大中の場合は、前年の「非常事態宣言」が発表された際も日本に居たほど頻繁に来日治療をくり返していた。

そして、朴大統領による声明から国会が解散されることを知った金大中は、その報道をホテルの一室で見ながら「こういうことは自分がソウルにいないときにいつも起こる」と嘆息しつつ、民主化の実現という自らの信念に従い政治亡命を決意した。今までの経験から、韓国に帰国しても朴大統領の政敵である自分は逮捕されるか、自宅軟禁を強いられる可能性が高く、政治家として意見を発信することがむずかしいと予想されたためである。そこで、彼は海外で自由に活動し、朴正熙政権に外部から圧力をかけ、民主主義を希求する国内の議論を喚起する道を模索するようになった。

その後、金大中は日本やアメリカでたびたびメディアを集めて記者会見し、雑誌等に多くの論考を寄稿したことから、海外での認知度は高まった。一方で、彼にかんする韓国国内での報道が政権側によって規制されていたため、多くの韓国国民にとって金大中に対する海外での評価とのあいだに温度差が生じた。特に政治的な拠点となった日本との評価の相違は大きかった。そして、そうした行動が、金大中の名を日本で知らしめ、またもや命を危険に晒す事件を招くこととなる。

金大中拉致事件

都心で行われた凶行

朴正熙大統領にとって金大中が亡命という手段をとったことは、予想以上の打撃となった。国内外で知名度が高かった金大中の自由な言論活動は、朴正熙政権の信用低下に直結したのである。また、金大中はビザの関係もあって、日米間を渡航しながら発言を続けていたが、その重点は日本に置かれていた。その理由としては、金大中が20歳まで日本の植民地支配を経験していたため、日本語での情報発信が可能であったことが大きい。加えて、発信する情報への反応も海を挟んだ隣国の日本と、同盟国とはいえ太平洋をまたぎ人種も社会構造もちがうアメリカでは差があり、海外から朴正熙政権に圧力を加えるのであれば、金大中が日本を重視したのは自然なことであった。

そして、日本には在日韓国人も多く、1970年代には在日コリアンの外国人登録者数は60万人を超えており、各種のサポートも受けやすい状況があった。日本人でも戦前に朝鮮半島と縁があった者も多く、政治家のなかに彼を支援する動きも存在していた。つまり、彼にとって日本は民主化を求める声を海外から上げるのに絶好の拠点だったのである。

当初は防犯の意味もあってホテルに常駐していた金大中であったが、小奇麗なホテルで日々を過ごしていることは韓国国内で「優雅な亡命生活」という印象を与えかねないとの思いもあり、支援者の一人が所有していた高田馬場のマンションの一室に「韓国民主制度・統一問題研究所東京事務所」の看板を据え、居を構えた。そのマンションは管理人が居ることに加え、支援者である在日韓国人のなかから屈強な若者がボディガード兼秘書として選ばれるなど、彼の周囲の安全が図られた。しかし、そのマンションはほどなく関係者に特定されてしまう。周辺に韓国から派遣されたと思しき監視員が常駐し、マンションの近くには同関係者が契約したと見られる個人タクシーが金大中の動向に合わせて動けるように待機し続けた。そこで、金大中らはマンションと都内の複数のホテルを数日ごとに行き来しながら、自らの所在を悟られないように注意する日々を送ることとなる。

しかし、支援者が居るとはいえ、確固たる収入もなく亡命する日々が10か月ほど続くと、金大中個人の金銭的な負担は次第に増大していった。そこで、彼は韓国から統一民主党党首を務める梁一東《ヤン・イルドン》が来日した際に、金策の意図もあって会合をもとうと考えた。しかし、そうした理由を支援者やボディガードの若者らに悟られることを恥と考えた金大中は、直前までその会合の予定を伏せ、1973年8月8日午前10時半、丸の内にあるパレスホテルを突然後にし、飯田橋にあるホテルグランドパレスへ向かった。急な金大中の動きに対応できなかったため、通常ボディガード2名が行動をともにしていたものの、その日は1名（金康寿《キム・ガンス》）が追いすがるように同行し、金大中は待ち合わせの部屋に入っていった。金大中が入室したのを確認した金康寿は、その階に待機場所が無かったため1階ロビーで彼が出て来るのを待つことにした。一方、梁一東とその後合流した国会議員の金敬仁《キム・ギョンイン》とのあいだで韓国の情勢談議は多いに盛り上がったものの、金策の話は上手くいかず、その後に自民党の木村俊夫議員との会合の予定があったことから、金大中らは昼過ぎにホテルの部屋を出た。その瞬間、金大中は屈強な韓国人男性数人に押さえつけられる。彼らは大声でその行動を批判したものの、金大中は隣の部屋に押しこまれ、梁一東と金敬仁は元の部屋に無理矢理戻されてしまう。

当初、犯人らは金大中を部屋で殺害し運び出そうとしていたが、国会議員にも目撃され、館内で大声を出されたため、拉致に切り替えたのではないかと遺留物（新品の大きなリュックサック2つ、一回り小さいリュックサック1つ、13メートルのロープ、ピストルの弾倉、睡眠薬の溶液等）から想定されている。金大中に睡眠薬を嗅がせ、意識を朦朧とさせた犯人らはホテルの地下に停めてあった車両に金大中を押しこむと、車両を関西方面に向かわせた。一方、なかなか金大中がロビーに降りてこないことを不審に思った金康寿はホテルの部屋に電話を入れたものの、残された梁一東が混乱した口調で韓国語を喋ったため、在日二世であった彼は内容を正確に聞きとることができなかった。そうした不運もあり、事態が公になったのは金大中が別の部屋に連れこまれてから1時間半が経過した後であった。

警視庁から車で10分ほどの場所で起きた外国要人の誘拐事件ということもあり、早々に非常線が敷かれ、報道もなされたが、犯人の行動は計画的かつ素早いものがあった。高速道路を利用し、関西のアジトに向かった拉致犯らは、金大中を着替えさせ、目隠しをした上でモーターボートに乗りこみ、大型の船舶に乗りかえた。この船舶に対して、以前、海運業を営んでいた金大中はエンジン音などから「５００トン級で一〇〇〇馬力超えの船」と捉え、外洋に出るにちがいないと確信したという。その後、拉致犯らは金大中を縛りつけ、布団で巻いて重りをつけ、海に投げこむ寸前までいった瞬間、船の上空に飛行物体が現れ（現在に至るまで、どの国のどの機関の所属か、どのような機体かも明らかにされていない）、船は30分ほど速度を上げたものの、やがて停止し金大中は拘束を解かれたという。そして、船は韓国に入り、金大中は8月13日に自宅近くで解放された。またもや彼は死の寸前まで行きながら、危機を脱したのである。

不自然な政治決着

拉致から5日が経過したときに、日本にいると思われた本人が突然目の前に現れたことで、家族は狂喜したが、その直後、彼の自宅にはメディアが殺到した。報道各社に「愛国青年救国隊員」を名乗る男性が、「金大中は自宅に戻った。我々が連れて来た。金大中のように海外で軽挙妄動をする者を我々は許さない」とのみ伝え、電話を切ったためである。傷や血痕も残るなか、自宅での記者会見は深夜にまでおよんだ。当時、韓国で拉致は金大中による自作自演であるとの主張も主に政府側からなされたものの、政府に敵対しており、金銭に困っていた金大中が日本および韓国の国境管理を通さずに自宅にたどり着く非公式ルートをとることはむずかしく、よほどの資金力と両国の国境管理の隙間をつく（あるいは素通りさせる）ことのできる力が背景になければ、それは不可能であり、韓国の情報機関であるＫＣＩＡや政府中枢が関与しなければ成り立たない事件であった。１９９８年６月にアメリカで公開された文書によれば、この事件には先の「南北共同宣言」で下交渉にあたったＫＣＩＡ長官の李厚洛の指示があった可能性が高いと指摘されている。アメリカが日韓両国に多大な影響力や情報収集能力をもっていたことを考えれば、その推察の信用度は高く、亡命した金大中をアメリカも受け入れていた経緯を考えれば、海上で金大中を乗せた船の上空に現れた飛行体にはアメリカと日本の連携が介在したと見られている。

そして、日本の領土内において、日本政府が滞在ビザを発給した人間を拉致し、公的な出国管理を通さずに韓国に向かわせたことは、日本にとってみれば明らかな主権侵害であり、金大中を別の部屋に引きこんだホテルグランドパレスの客室内から、当時韓国大使館に勤務していた金東雲《キム・ドンウン》一等書記官の指紋が検出され、同人がホテル近くで遺留物のリュックサックを購入したことも分かり、この事件は外交問題に発展した。日本政府の立場として最低限求めるものとしては「原状回復」であった。つまり、事件発生以前の状態のように金大中を日本に戻し、東京で通常の生活を送らせることを求めたものの、韓国政府はそれを拒否した。その後、両国間で多くの密使とされる人びとが往来し、11月2日には国務総理を務めていた金鍾泌が特使として日本に派遣され、田中角栄首相に朴正熙大統領からの親書を手渡し、事態の収束が図られた。後日、アメリカ国務省韓国部長のドナルド・レイナードは韓国側から田中首相に対し3億円の献金を行い、政治決着が行われたと議会で証言している。

一見、事態は収束したかに見えたが、韓国国内では政府が情報を統制したものの、しばしば国会やマスメディアでも政府への告発がなされるなど拉致が政権側によって行われたことは自明視され、朴正熙政権への疑念を高める結果となった。また、日本においては拉致事件の経緯が詳細に報道されたことで、「朴正熙＝非道な独裁者」という印象が強まることとなった。つまり、金大中拉致事件にかんしては、朴正熙大統領がそれまで柱としてきた大局的に国益を最優先し、経済効率や政治決定の遅延を防ぐといった効果は生まれず、国内外で自らの首を絞め、国益を損なってしまったのである。

独裁者の死

韓国を変えた陸英修暗殺事件

金大中拉致事件は、日韓両国で朴正熙大統領に対する反発を生んだ。そうした中で、事件の翌月に大阪在住の在日韓国人青年、文世光《ムン・セグァン》は朴正熙大統領暗殺を決意する。日本における学生運動が盛んであった１９６８年から１９６９年にかけて高校生（２年で中退）だった文は、当時から社会主義思想に共鳴しており、１９７２年９月に朝鮮総連幹部と接点をもつ。その後、朴大統領の暗殺こそが韓国で人民の蜂起を促し、革命の起爆剤になるとの考えをもつようになる。後の話となるが、テロと人民の蜂起を結びつけ、韓国の自壊を狙うのは１９８０年代に起きたラングーン事件や大韓航空機爆破事件といったテロに共通した北朝鮮の基本方針の一つであった。そうした思考を信じるようになるなかで、自らが住む日本で朴政権が拉致事件を起こしたことは、文世光に暗殺の必要性を実感させた。

しかし、暗殺を行うには道具が必要となる。彼はそれを拳銃であると考え、１９７３年11月に香港に渡ったものの入手に失敗したため、翌年７月に大阪市の派出所に侵入して拳銃を盗んだ。そして、高校時代の同級生の協力もあって日本人の偽造パスポートを作成した文は、１９７４年８月６日に韓国へ渡航する。彼が実行場所に選んだのは、８月15日の朴大統領による韓国国立劇場での光復節記念式典であった。彼は朝鮮ホテル（現在のウェスティン朝鮮ホテル）に宿泊し、実行当日は高級車フォードをチャーターし、完全な礼装で会場に乗りつけた。警備員はその装いから彼を日本の要人であると考え、招待状がなかったにもかかわらず入場を許してしまった。ここで改めて文世光の行動を検討してみると、日本でも海外旅行が珍しかった時代における韓国への渡航費、高級ホテルでの滞在費、衣装代、車のチャーター代等の必要経費は何らかの資金がなければ捻出はむずかしいものである。各種の証言から当時、彼の生活は経済的に厳しかったとされており、事件決行までの資金は朴大統領暗殺をもちかけた関係者から出たと見られているが、詳細は未だ不明な点が多い。

そして、式典の最中、朴正熙大統領が檀上に立った際に、文は数発の弾丸を発射する。事態を察知した朴大統領は身を屈めたものの、銃弾の一つが大統領夫人・陸英修の頭部に当たり、彼女は必死の手術の甲斐も虚しく、同日亡くなってしまう。

陸英修の死を受けて、韓国国民は悲嘆に暮れ、「警察拳銃の窃盗」「偽造パスポートの作成および不法出国」「拳銃の海外持ち出し」といった犯罪の未然防止を怠り、事件発生後も朝鮮総連への捜査に対して消極的であった日本への反発が高まった。日本側としても、自らの非を理解していたこともあり、前年の金大中拉致事件で韓国の捜査協力が不十分だったことを踏まえ、相互に事件に対する詳しい捜査を詰めることなく「手打ち」を図る状況が生まれた。そうした未解決の要素が多く残り、1973年と1974年の8月に起きた二つの事件は、未だ議論を呼ぶことが多い。

そして、陸英修暗殺事件の影響を最も受けたのは西江大学を首席で卒業し、電子工学の分野で研究者となるためフランスに留学していた朴槿恵であった。彼女は母親の悲報を聞き、急遽帰国して葬儀を済ますと、その6日後には陸英修が参加する予定であった「大統領夫人杯ママさんバレー大会」に参加し、以降はファーストレディーとしての役割を務めることを余儀なくされる。それまでも母親の代理として国際的な業務をこなすことはあったものの、1974年以降、彼女はその道に専心せざるを得なかった。また、それは大統領として過ごす父親の最も近くで政治を実感することでもあり、後の状況を考えれば、正に帝王学を学ぶといった面があった。

その後、朴槿恵が大統領になることだけを見れば、両親の遺志が受け継がれた美談ととらえられよう。しかし、これは二人の大統領の悲劇の始まりでもあった。朴正熙については、元来、気難しい人物であり、その気分の上下を最も身近で受けとめる伴侶を失ったことで、側近にイエスマンをより揃えるようになった。特に、陸英修射殺の責任を問われ大統領警護室長を更迭された朴鐘圭《パク・ジョンギュ》に代わり、国会議員を辞め同職に就いた車智澈《チャ・ジチョル》を重用したことで、他の側近らは不満を溜めこんでいったとされている。

一方、母を亡くした悲しみも癒えぬまま、研究者への夢を諦めファーストレディーの役割を担うことになった朴槿恵には大きな精神的な空白が生まれた。彼女は当時の心境を「生ける屍のようであった」と述べているが、一方で、父親、きょうだい、国民に対して母である陸英修の役割を務めなければならないという気概がさまざまな陰鬱な心情を封印させ、朴槿恵を動かしていたのである。そうした心身をすり減らすような日々のなかで「陸英修の霊魂から助力を頼まれた」と語り、当人以外には知りえない親子間の秘密を話した宗教家の崔太敏《チェ・テミン》を朴槿恵は急速に信頼するようになる。1975年春には彼の興した「大韓救国宣教団」の行事に参加する様子が見られ、翌年には崔太敏が複数の団体を統合して設立した「セマウム奉仕団」の総裁に就任するまでになった。また、崔太敏の五女の崔順実《チェ・スンシル》はセマウム奉仕団大学生会長として、朴槿恵とイベントに同席するなど関係を深めていった。しかし、2016年秋以降、韓国人の誰もが知るようになる崔太敏親子の存在は、当時、政権内部では認知されながら、一般の韓国人にはほとんど知らされることは無かったのである。

そうした朴正熙親子の精神的な不安定さとは別に、韓国経済は1970年代半ばから後半にかけて、石油ショックがありながらも順調な成長を見せ、1970年代の経済成長率は平均で7・4％を記録した。1970年代前半からのセマウル運動の効果もあって、農村地域の経済の底上げに成功し、経済基盤を強固なものにしていったのである。また、1970年代後半には製鉄、金属、セメント、製油、肥料、繊維などの製造業分野における商業借款にかんして日本の割合がアメリカを超えるようになり、1970年代前半の実に3倍の規模に広がった。それは同時に、韓国と日本企業との結びつきが深まり、関係の安定が一層強く意識されることも意味していた。換言すれば、国交正常化の際に韓国国内で湧き上がった歴史問題解決の動きや、両国の外交を非難する韓国市民の発言は抑圧される状況が続いたのである。

困難に喘ぐ民主化勢力と朴正熙暗殺

1970年代の半ばから後半にかけて、朴正熙政権に対抗し民主化を望む声は高まっていたものの、本書の主人公たちにとっては、厳しい時期が続いた。文在寅は1975年に民主化デモに参加した際に逮捕され、大学を除籍される処分を受けた。裁判においては執行猶予を受けたものの、釈放後、彼は徴兵期間に入らざるを得なかった。本来であれば入隊時期は選ぶことができるのであるが、当時は民主化運動で逮捕された若者は釈放されたならば、間を置かず兵役に就くことが慣習となっていたためである。徴兵期間中、彼は厳しい軍務を割り当てられ、空挺部隊に所属することとなった。文が所属していた時期とは異なるが、空挺部隊はしばしば民主化運動への軍事介入の実行部隊となり、発砲まで行うに至る。そうした自らの主義主張とは異なる部隊に身を置いていた彼の所属大隊の旅団長を務めていたのが、後の大統領である全斗煥《チョン・ドファン》准将だったのは、奇妙なめぐり合わせであった。そして、文在寅は1978年に除隊後、司法試験の勉強を本格化させたため、民主化運動とのかかわりは希薄とならざるを得なかった。

一方、金大中は1973年の拉致事件以来、自宅軟禁状態が続き、公的な発言はできないながらも民主化運動の象徴的存在となっていた。ほとんど活動が行えなかった金大中であるが、1976年3月1日、民主化運動にかかわった政治犯の釈放、および言論・集会・出版の自由回復を主張し、朴大統領の退陣を要求した「民主救国宣言」に署名者18名のなかの一人として名を連ねた際に、その行動が体制批判はすべて罪に問われるとした「大統領緊急措置9号」に抵触するとして、懲役5年、資格停止5年の判決を受ける。民主救国宣言は具体的な行動を伴ったものではなく、日本をはじめ国際的には報道されたものの、国内においては検閲がかかって報道されず、象徴的な意味しかなかったことを考えれば、その罪状は極めて過剰であり、金大中が政権にとっていかに気がかりな存在であったかが分かる。その後、金大中は2年の刑務所、そして1年のソウル大学病院の特別房（股関節治療の名目であったが治療はなされず、部屋には窓もなく、一切の外出は禁止）で過ごさねばならないなど、一層厳しい状況に置かれることとなった。そして、朴正熙大統領が5期目を迎えた際の恩赦により、1978年12月27日の真夜中に突然釈放されたものの、その際には大勢の私服警官が動員され彼を取り囲むなど、朴政権にとって金大中は大きな脅威であり続けた。

また、本書の主人公らと並び、韓国の民主化を語る際に忘れてはならない存在が金泳三である。1970年代半ば以降、金大中の行動は極めて限られたものとなり、民主化に対して国内で活動した中心人物は金泳三であった。1972年の維新クーデターの際も、金大中が亡命を選択するなかで、同じく東京に居た金泳三は帰国を選択し、自宅軟禁の憂き目に会いながらも国内で活動を続けた。理想を追い、言論活動を重視した金大中とは異なり、金泳三は自らを「私は当時もいまも議会主義者であり、革命家ではない」と後に語っている。実際、彼は現実的な姿勢を維持し、ときに朴正熙大統領とも議論の機会を設けるなど、あくまで政治家であり続けた。その背景には、資産家の家に生まれ、地元から26歳5か月で最年少国会議員（2021年現在でも韓国の最年少記録）として当選したという出自も関係しているかもしれない。そして、金泳三はこれ以降の約20年間、金大中と民主化や大統領就任といった目的を同じくしつつ、合わせ鏡のようにときに交わりつつも基本的には対称的な行動をとることが多くなっていく。

ただし、朴正熙政権からすれば金大中より与しやすかったとはいえ、民主化を主軸に置いていた金泳三もその活動を抑えたい存在であった。一方で、朴正熙の強硬な姿勢を受けて、金泳三と本貫（姓の始祖の出身地）を同じくするKCIA部長の金載圭《キム・ジェギュ》(2)は折に触れ、金泳三に政権への言動に自重を求めるなど両者の中間で調整に当たっていた。特に、野党第一党の新民党の党

(2) 金載圭（1926～1980）慶尚北道生まれ。朴正熙と同郷で、陸軍士官学校の同期生。1961年の5・16軍事クーデターの際に革命軍に加担しなかったことから拘束されるが、朴正熙の命令で釈放。その後、国会議員、中央情報部次長、建設部長官等を務め、1976年に中央情報部長となるなど朴正熙の重臣となるも、1979年に暗殺事件を起こし翌年死刑。

首であった金泳三が1979年9月16日の『ニューヨーク・タイムズ』で行った政権批判を、朴正煕と車智澈が問題視し金泳三の議員辞職を求めた際、金載圭は1日の猶予を乞い、秘密裏に金泳三と会合をもち「記事に誇張があったとの釈明でも構わないので、会見を開いて貰えないか」との提案をしている。しかし、話は平行線をたどり結果的に、10月4日に金泳三は議員職を失うこととなる。

そうした政権の横暴に対して、金泳三の支持基盤である釜山市や馬山市《マサン》（現在の昌原市）にて10月16日から大規模なデモが発生した。これは一般に「釜馬抗争」と呼ばれるが、背景には地域選出の議員が職を解かれたことだけではなく、民主化への期待や現政権への不満が高まっていたことがあった。その事件に対し、朴政権は前掲の空挺部隊を出動させ、衛戍令を発動するなどして事態を鎮静化させた。

しかし、そうした民主化を抑えつけていた朴政権の構造も突然終わりを告げる。1979年10月26日、金載圭が朴大統領を暗殺したのである。当日、青瓦台近くのKCIAのアジトで釜馬抗争の対応などを討議していた所、朴大統領と車智澈に叱責を受けた金載圭は、諸説あるが、「車智澈への恨み」「民主化への思い」「朴槿恵と崔太敏の緊密さについての諫言が朴正煕に受け入れられなかったことの反発」などの理由から、両者を所持していた拳銃で射殺してしまう。

この事件の一報を受けた朴槿恵が秘書室長に「前線に異常はありませんか」と真っ先に北朝鮮の侵攻を気にしたことは、彼女の認識をよく表している。ファーストレディーとして5年間行動するなかで、母の死の際は涙に暮れ続けたうら若き女性は、いつしか大統領の一部となっていた。

一方、当日夜にアメリカの知人の記者からの電話で暗殺の報を受けた金大中は、横にいた妻に「何と呆れたことをしたのか」と述べたとされる。民主化を標榜していた金大中にとって、暴力で得た権力を暴力が打倒したところで、民主化は達成できないと考えたのである。金載圭がその後の裁判のなかで「暗殺は民主化を進める意図があった」と弁解した際にも、その見方は変わることはなかった。それは、金大中が1970年代を通じて政権やKCIAの暴力に晒された実感でもあったといえよう。

そうした感覚を金大中がもったのも、韓国国民が経験した歴史を考えれば当然といえる。植民地からの独立運動はもちろんであるが、韓国の民主主義への思いは1960年の4月革命の時点で明確なものになっていた。しばしば、民主化の過程を説明する際に、経済成長に伴い中間層が成長し、民主化の声が抑えきれなくなるといった構図が示されることがあるものの、1960年の時点で世界の最貧国ランクにあった韓国でも人びとは民主主義を当然のものとし、建国の父とされた李承晩大統領を追い落とし、新政権を樹立させた。その状況を考えれば、自らの意志で、国の方針を決めたいという思いは、近代以降を生きる市民にとって、極めて自然な感情であった。

とはいえ、1960年代の韓国は、その日の食事にも困るような貧困のなかにあったことで、経済成長を実現した朴正熙大統領を支持した。当時の韓国人は朴正熙の軍事政権や独裁といった政治手法を支持していたというよりも、現状ではそれを受け入れざるを得ないと考えていたのである。しかし、その後の急速な経済発展は朴大統領の政策への消極的支持要因を減退させ、従来から感じていた民主主義を希求する流れが強まった。

国益に合致していれば社会主義のメソッドでも柔軟に採用した朴正熙の政治手法をとるならば、1970年代には市民が支持する民主化を受け入れていくほうが韓国の国益に適っていた。ただし、権力の中心に居続けたことで、いつの間にかそれを保持することが彼の優先課題となり、かつては一致していた国民と朴大統領の目指す方向性が乖離してしまったのである。そうしたなかで、朴大統領が暗殺されたとしても、当時の政治制度が1970年代に作られた維新体制を基盤とする限り、金大中が嘆いたように民主化にはつながらないのである。結局、1970年代の韓国に生じた政権と国民の意識の齟齬が改善されるには、国全体を揺り動かすような1987年の民主化への奔流を待たなければならなかった。

第4章　民主化獲得の光と影

新たな弾圧の始まり

権力の空白をめぐる争い

朴正煕大統領が殺害された翌日の午前4時、憲法の規定により大統領代行職を務める国務総理、崔圭夏《チェ・ギュ ハ》(1)により済州島を除く韓国全土に非常戒厳令が発令された。ただし、現場は大変混乱しており、戒厳令発令の1時間前に非常国務会議が開催されたものの、その会議には暗殺実行の真相を伏せていた金載圭が出席するほどの状況であった。目撃証言を踏まえ、金載圭は鄭昇和《チョン・スンファ》大将の指令を受けた保安部隊員によりその場で逮捕されたものの、そもそも誰に情報が集められるべきかという政治の基本的な部分が、国全体を統括していた独裁者・朴正煕を失ったことで混乱を来していた。加えて、大統領代行の崔圭夏はそれまで選挙を経ず、軍部出身でもないといった明確な権力基盤の無い政治家であったことはそれに拍車をかけた。1960年代には誰からも後継者の一番手と目されていた金鍾泌も1970年代に入り要職から遠のいていったように、朴正煕が自らに取って代われる人材を意図的に排除してきた部分もあって、突然の権力の空白が生まれたのである。この後の数か月の韓国は、その空白を誰が埋めるかという争いの様相を呈していく。

そうした状況下において、崔圭夏は12月6日、憲法の規定に従い、統一主体国民会議により大統領に選出され、翌日には、かつて金大中に3年近くの刑を科した「大統領緊急措置第9号」が解除された。崔圭夏が文官であったこともあり、韓国国内には朴正煕によって抑えられていた民主化への流れが加速するのではないかとの期待が高まった。

しかし、混乱はすぐに訪れてしまう。新大統領の就任から6日後の12月12日、戒厳令司令官であった鄭昇和大将が朴正煕殺害後、金載圭と同じ建物内に居り、一時行動をともにしたことを問題視され、事件の捜査本部の憲兵隊に逮捕されてしまったのである。社会の安定のために行われる戒厳令下で、その司令官が逮捕されるという事態は異様なものであった。そして、彼を逮捕した捜査本部を指揮していたのが、保安司令部長官でもあった全斗煥少将であった。保安司令部はKCIAを捜査後すぐに支配下に置くなど、徐々に基盤を作りつつあり、軍隊内での基盤づくりの「仕上げ」といえるのが、鄭大将の逮捕であった。実際のところ、鄭昇和の罪状そのものは本質的なものではなかった。事件後、保安部は金載圭を逮捕したのであるが、前掲のようにその指示を出したのは鄭大将であった。つまり、真相は1961年に士官学校8期生が中心となってクーデターを起こしたように、11期生が全斗煥を立てて8期生を中心とした現行体制を変更しようとする権力闘争との意味あいが強かったのである。

　前掲のように、かつて8期生は韓国建国後、最初の士官学校入学者として自らを1期生と捉えていた。一方、11期生は朝鮮戦争中に士官学校が正規4年制に改編され、任官時には学士も授与された正式な士官養成世代であることを誇りとして、自らこそが現行システムの1期生であるとの認識が強かった。その11期生の出世頭だったのが全斗煥であり、彼と行動をともにしてきた同期生には盧泰愚《ノ・テウ》もいた。彼らは粛軍派といわれていたため、鄭大将を逮捕した事件は「粛軍クーデター」と呼ばれる。全斗煥らはすぐに政権を取ることはなかったものの、粛軍派は軍の実権を握り、崔圭夏政権内でもほぼ権力を手中にした状態を作った。これは朴正煕が1961年のクーデターの際に、自らはナンバー2の位置にありながらトップを有名無実化

（1）崔圭夏（1919〜2006）江原道生まれ。1945年に京城師範大学教授になるも、間もなく官吏となる。農林や外交の分野で活躍し、1975年に金鍾泌の後を受けて首相就任。朴正煕暗殺に伴い、大統領職に就くものの、粛軍クーデターを経て全斗煥の権力が強まるにつれ辞任。清貧の姿勢を生涯貫いたことにより人格者として高く評価されている。

し、その辞任や解任を経て自らがその地位に就く手法と酷似している。

ただし、全斗煥を中心とする勢力がすぐに政権のすべてを握ったわけではなく、1980年3月1日には金大中の公民権の回復がなされるなど、いわゆる「ソウルの春」と呼ばれる期間も短いあいだながら存在していた。金大中以外にも多くの政治犯が復権し、民主化が実現されるとの期待は高まった。一方、4月14日に全斗煥は金載圭逮捕に伴い空位になっていたKCIA部長の代理職も兼任するようになるなど、権力の集中をじょじょに強めていった。

光州事件と金大中

当時は民主化への期待が高まりながら、朴正熙大統領暗殺以降の非常戒厳令、および維新体制は継続していたため、大学生を中心に民主化と反政府を主張する動きが見られ、5月15日にはソウル駅前に10万人の学生らが集まり、その意思を示した。しかし、その動きは市民全体には広がらず、一方で意思の表明はできたとして、学生らは大学に戻ることを決めた。各種の動向から不満の高まりを感じとった政府は、5月17日夜に反政府的行動を主導する可能性のあった金大中、政府与党（共和党）総裁の金鍾泌など政治家や活動家26人を一斉に逮捕した。逮捕に際して混乱はなかったものの、金大中がKCIAに連行されるときには40名ほどの軍人が銃剣を装着した状態で自宅になだれこむほどの物々しさであり、金鍾泌の自宅にも自動小銃で武装した20名ほどが押しかけている。そうしたなかで、戒厳令は全国に拡大され、すべての政治活動は禁止され、すべての大学も休校となった。

この状況に対して、金大中の地元である全羅道《チョルラド》の光州では、政府に対する反発が学生に止まらず市民全般に広がった。この背景には、彼らが民主化を求めていたのと同時に、地域対立の構造も考慮しなければならない。他の国でもしばしば見られるように、韓国には道（日本の県に当たる）単位の偏見、あるいは同郷意識が以前から存在していた。その状況を朴正熙大統領は自らの政体で生かした。側近に自らの出身地域で、韓国の南東部に当たる慶尚道《キョンサンド》の人材を登用し、同地は韓国第二位の都市・釜山を含むことからソウルと釜山を中心としたインフラ整備を行った。一方で、政治的なライバルである金大中の出身地域である全羅道は開発の傍流に置かれると同時に、同地出身者は政権内の主要ポストからも弾かれ、選挙の際は元々の偏見や対立を煽る形での印象操作も行われたのである。そうした状況が朴正熙大統領の暗殺で終わり、新たな時代が来ると思っていた矢先、再び慶尚道出身の全斗煥を中心とした政府によって金大中が逮捕されたことで、全羅道の中心地の光州で反対運動が起きたという構造があった。

18日の朝、金大中の逮捕ならびに大学の休校が知らされると、光州の全南大学に集まった学生と大学閉鎖のために派遣された空挺部隊とのあいだに衝突が起きた。これが光州事件の発端である。空挺隊員らが暴力的にデモを鎮圧しようとする様子は一般市民の目にふれ、海外メディアもそれを発信したが、韓国国内の情報は統制されていた。翌日以降、光州市内のデモの主役は市民全体に広がり、5月21日の軍の発砲を契機に徴兵経験のある市民が武装し、両者の対立は血生臭さを増していくこととなる。

また、軍の発砲は歴史的な事件でもあった。韓国建国以降、ゲリラ組織への掃討作戦を行ったことはあったものの、軍隊が国家の指示の下、初めて武装していない一般市民に発砲したのである。それに怒り蜂起した光州市民は、警察署や道庁を占拠し、対抗姿勢を示した。しかし、韓国国内メディアは彼らを北朝鮮のスパイの影響を受けた反動的暴徒であると報道した。そのため、当時、多くの韓国国民はこの事件を反共という視点から脅威と捉えてしまった。これは前述のシルミド事件にも見られる報道形式であったが、彼ら同様、光州事件の全容を国民が知るには民主化達成まで待たなければならなかった。

軍部は市民の反抗に苦慮し、光州市を2万人規模で包囲する作戦をとった。一方、自治区の様相を呈した市内において市民たちは即席の自治組織を作り、遺体の収集や包囲する軍部との調整など事態の収拾に努めようとしたものの、軍部の圧力が強まるにつれて組織内で穏健派と強硬派に内部分裂が起き、強硬派が事態を主導するようになっていた。彼らは道庁やYWCAビルなどに約300人で立てこもったものの、27日に軍が鎮圧のため6000人近い兵力を送りこみ、武装ヘリなども出動するなかで、大規模な銃撃戦が行われ、200人を超える犠牲者（行方不明者含む）を出して市内は鎮圧された。

そして、この攻防は民主化勢力にとって大きな転換点となった。光州市民が道庁などで籠城を続けるなか、当時、平時の作戦統帥権も有していた在韓米軍は配下の韓国軍の移動を承認し、市民への虐殺行為を制御することはなかった。そして、事件後もこの件にかんして、アメリカ政府は韓国政府に対して強い非難の声や圧力を加えなかった。つまり、アメリカ軍や政府は光州事件に大きくかかわることが可能な立場にありながら、傍観者となり、その行動は民主化勢力にとっては市民を銃撃した政権の共犯者と映ったのである。たしかに、朝鮮戦争に参戦し、民主主義を国是とするアメリカは、1970年代に金大中が亡命先の一つとしていたように、民主化を望む人びとにとって、いざというときには頼りになる存在と見なされていた。しかし、彼らが光州事件にかかわらなかったことは、強い失望となり、以降、民主化勢力のなかで「反米」という要素が強くなる。もちろん、韓国人にとって米韓関係は愛憎半ばするものでもあるため、一概に規定しきれない部分もあるが、現在の50代以下の韓国人にとって、光州事件はそうしたアメリカに対する評価が生まれる転機でもあった。

一方、光州事件の引き金となった金大中は、その後、KCIAの取り調べを2か月にわたって受けた。外界と完全に隔絶させられていた彼が、光州事件の発生や犠牲者数を含めた全貌を知ったのは、事件が起きた50日後のことであった。金大中にしてみれば、彼の釈放を求めた地元・全羅道の人びとが犠牲になった事件であり、当時懐柔を試みようとしていた現政権に屈するわけにはいかないとの意識をより強くもつこととなった。実際に、彼の自伝のなかでも「私はどうして生きて彼らに会えるというのか。私も獄中だけでも戦って死ななければならなかった」と光州事件の被害者に対する思いを吐露している。

その後の裁判において、金大中が現政権に対しての協力を宣言すれば、大きく減刑されていたと思われるが、彼はそれをよしとせず軍事裁判で争うこととなった。彼が問われたのは、①光州事件を背後で操った内乱陰謀罪、②7年前、日本へ亡命していた際に立ち上げに参加した「韓国民主回復統一促進国民会議」の議長となったことで、反国家団体を主導して国家の安全を危うくしたとする反国家団体首魁罪等の罪であった。形式的な裁判を経て、9月17日、軍事裁判法廷は金大中に死刑を宣告した。光州事件は金大中の突然の逮捕により発生した事件であり、「韓国民主回復統一促進国民会議」については彼を目の敵にした朴正煕大統領も罪に問うていないことから、この判決が捏造に過ぎないことは明らかであったが、朴正煕前大統領でも抑えきれなかった金大中の国民的支持をそのままにしておくことは、裁判の最中の8月27日、崔圭夏大統領の辞任を受けて同職に就いた全斗煥にとって認めがたい状況であった。

しかし、金大中は日本やアメリカをはじめ、国際的に韓国の民主化を主導する人物と捉えられており、その判決内容の杜撰さもあって、海外から非難が巻き起こった。日本では国民的作家の司馬遼太郎も11月30日の日付で当時の鈴木善幸首相および伊東正義外相に宛てて助命の嘆願書を送っており、同月4日の『朝日新聞』のなかでも死刑が執行されたならば韓国が国際社会から大きく後退し、「これは今後の韓国としても失うところが計り知れぬほどに大きいし、隣国にすむ人間として非常につらい思いをもちます」と発言した。

日本国内からの声を受けて鈴木首相も判決後すぐに憂慮を表明しており、アメリカでも死刑回避を求める声が高まった。そこでアメリカは当時、政治的正統性が不確かであった全斗煥大統領の状況を踏まえ、金大中の死刑を撤回することを条件に、公式な首脳会談開催を持ちかけた。その結果、アメリカの後ろ盾を得ること、および関係の深い日本との関係を維持すること等が考慮され、1981年1月24日に金大中は減刑され、無期懲役となった。人生で二度目の死刑判決を受けた金大中は、清州刑務所にて約3年を過ごした後、国内外で政治活動を行わないとの嘆願書を全斗煥大統領宛に提出し、アメリカへ股関節の治療を理由に出国することとなる。当初、嘆願書は便宜上のもので、文面は公表しないとされていたが、政府はそれを公表し、結果、民主化勢力のなかで「命乞いを行った」として金大中に対する失望が広がった。たしかに、これはかつて理念のために死も厭わない姿勢を見せた金大中を知るものからすれば意外で、転向とすら感じさせるものであったが、彼は1980年代以降、「政治家としての自らの意志を表明するために何が必要か」という面を重視するようになっていく。理想を実現するためであれば、現実を利用する姿勢は非難を浴びることもあったが、後に彼のそうした姿勢が大きな成果を挙げていくことを考えれば、この時期は明らかに彼の分岐点であった。

二人の弁護士の転機

再び、時計の針を光州事件の際に戻したい。事件の引き金となったのは、金大中の逮捕であったが、それと同時に済州島を含む全土に広がった非常戒厳令を受けて、かつて民主化運動にかかわっていた人物が各地で無作為に逮捕される事態が起きた。当時、大学への復学を果たしていた文在寅は司法試験を受験中であったものの、再び学生運動にかかわるようになっており、当局に拘束されてしまう。拘置所での生活が1か月になるなか、彼は2次試験に合格したとの通知を受ける。慶熙大学にとって、日本同様に最難関の試験であった司法試験の合格者となり得る文在寅は大学の名声を高める上で極めて重要な存在となった。慶熙大学における1980年の司法試験合格者は文在寅を含めて2名であり、彼の受験環境を整えることは同大学にとって優先課題とされた。そこで、当時の慶熙大学院長が政府等に働きかけ、早期の釈放が実現したとされる。その後、文在寅は三次試験（面接）を経て合格を果たすことになるが、彼のなかで光州事件の記憶は強く刻まれた。彼が大統領に就任した直後の2017年5月18

日、光州事件の追悼式典において当時の拘束体験にも触れつつ、光州の人びととの行動に自らが直接かかわれなかったことを悔い、「現政権は光州民主化運動の延長線上に立っている」と述べて度々涙を流したことは、その思いの強さを表している。

文在寅をはじめ、韓国の民主化運動を支えたのは、大学生であった。１９６０年代から続く高度経済成長のなかで、子どもを大学に入学させる経済力をもつ家庭は増えたものの、１９８０年代の時点でも彼らはエリート層であり、その分、自らが韓国を支えるという気概を強く有していた。彼らは大学で政治学等に触れるなかで民主主義を実現させるためには自らが運動に身を投じなければならないという使命感を高めた。後に３８６世代（１９９０年代に30代を迎え、１９８０年代に大学生であった１９６０年代生まれの世代の総称）と呼ばれるようになる彼らは、人数の多さと理念に燃えていることで、日本の戦後まもなくの熱気のなかで生を受けた「団塊の世代」とよく比較される。韓国において、彼らの存在は、１９８７年の民主化や２００３年の盧武鉉《ノ・ムヒョン》大統領の誕生、そして２０１６年から２０１７年にかけての朴槿恵大統領罷免にまで影響をおよぼしていく。

当時、大学生らの活動はさまざまな人びとによって支えられていたが、そのなかには釜山の貧しい家庭に生まれ、高卒だったにもかかわらず「司法および行政要員予備試験」に合格し司法試験の受験資格を得て、苦学しながら弁護士となった盧武鉉もいた。彼は１９７８年に釜山に弁護士事務所を設立し、租税関連の業務を扱いつつ順調に顧客を増やして、ヨットを趣味とする優雅な生活を送っていた。近くで民主化を求める運動があっても、団体の関係者との接点もないため、賛同はしつつも運動へ自発的にかかわることはなかったという。そうしたなか、1981年に読書会に集まった学生らを軍部が拘束し、拷問により罪を捏造しようとした「釜《プ》林《リム》事件」が起きる。その際、知人の弁護士業務を助ける形で弁護を担当することとなった盧武鉉は拷問を受けて真っ黒になった学生らの足の爪と、怯えきった表情を見て、義憤にかられ優雅な弁護士としての道をかなぐり捨てることになる。そして、盧武鉉は一人の若者と出会う。民主化運動に伴う逮捕歴により希望する裁判官の道を諦めざるを得ず、弁護士になることを選んだ文在寅である。二人は意気投合し、1982年に「盧武鉉・文在寅合同法律事務所」を開設する。彼らの民主化や市民運動に対する情熱は、二人を釜山を代表する人権弁護士へと押し上げていった。その後、彼らはさまざまな行動をともにしていくが、その様子は金大中と金泳三が合わせ鏡のようであるとするならば、正に一心同体といえる。そのため、本書ではこれ以降、盧武鉉の歩みも併せて追っていくこととする。

民主化の実現と不完全な政権交代

金大中の帰還

光州事件の武力鎮圧、メディア管理（ラジオ局・テレビ局の公営化、地方紙の一道一紙化、多くの新聞や定期刊行物の廃刊、新聞・雑誌への検閲、600人以上のマスコミ関係者の追放）などを行った全斗煥政権は批判の封じ込めに成功した。なかでも、それを一層効果的にしたのが政党政治家を監視下に置いたことであった。民主化を推進しようとする有力な政治家は幽閉した上、金大中はアメリカに亡命させる形をとらされ、彼の動向についての報道は国内で管理できたため、その影響力を大きく減じることができた。一方で、金大中はアメリカで活動を行ったことにより、対外的に一層「韓国民主化闘争の希望」という位置づけを与えられ、国際的に一層その存在が認知されていくこととなる。換言すれば、国内の民主化運動を抑えこんだように見えつつも、国際的な全斗煥政権への評価は低下する状況が生まれたのである。

そして、金大中は亡命先であるアメリカでハーバード大学国際問題研究所などを通じて見識と人脈を深めていった。なかでも親交を深めたのが、フィリピンからアメリカへの亡命を余儀なくされていたベニグノ・アキノ上院議員（コラソン・アキノ元大統領の夫、ベニグノ・アキノ3世元大統領の父）であった。一定の世代より上の人であれば、1983年8月21日にフィリピンのマニラ空港のタラップを降りた瞬間に銃殺される彼の衝撃的な映像を目にしたことがあるにちがいない。彼は10年以上独裁体制を敷いていたマルコス大統領からの平和的な政権継承を目的として母国へ向かったのであるが、その思いは裏切られてしまった。事件を受けて、金大中はマルコス政権はもちろん、同政権を支援したアメリカを非難する声明を発表した。後にアキノ氏の遺品となったタイプライターがコラソン・アキノ氏の側近から金大中へ贈られたことは、その絆の深さを周囲も認めていたことの証左である。故郷を離れながら、母国の民主化のために戦っていた両者には相通じるところがあったのであろう。もちろん、アキノ氏の悲劇は金大中およびその周辺にとって、「明日は我が身」と映り、韓国への早期の帰国は危険であるとの認識も深めさせた。

一方、韓国の民主化運動を支えた、もう一人の中心人物である金泳三は１９８０年の非常戒厳令が出されてまもなく、自宅軟禁の状態に置かれた。その後、軟禁が解除されたこともあったが、１９８２年５月21日には再び、自宅軟禁を強いられた。それが1年ほど続いた5月18日、光州事件から3年という日に彼は状況の改善を訴え、ハンガー・ストライキ（ハンスト）に入った。これは韓国国内では報道されなかったものの、海外では大きく報道され、金大中もアメリカから金泳三の行動を支援するため、街頭デモや電話でエールを送るなどした。ライバルと見られていた二人は、迫害を受けるなかで国際的な連携を見せたのである。金泳三のハンストは、彼にとって政治活動の自由を得る契機となったが、最も大きかった成果は金大中とのあいだで野党勢力の統合が図られたことである。１９８４年5月18日には両者の連名で「民主化促進協議会」が発足する。民主化促進協議会は「新韓民主党」形成の母体となり、同党は1985年2月12日の総選挙に打って出ることを決めた。

金大中からすれば、たしかに政治活動は行わないとの文書は全斗煥政権に提出していたものの、アメリカでは到着当初から政治活動を活発に行っていた。ただし、亡命から2年ほどが経過するなかで海外から韓国の民主化へ貢献できる部分はすでに行っており、韓国国内における民主化勢力への全斗煥政権の強い圧力は変わらず強かったことから、たとえ再び幽閉されるだけであっても、自分が韓国に戻ることは民主化への起爆剤になるのではとの意識があった。そこで、金大中は選挙日4日前に、アメリカでの支援者につき添われる形で韓国に帰国を果たす。空港には数千人を超える群衆が指導者の帰還を待ちかまえ、その熱気の下、新韓民主党は選挙で67議席を獲得した。それ以前に存在していた、いわゆる〝官製野党〟の民主韓国党は解体を余儀なくされ、多くの議員が新韓民主党へ鞍替えしたことで同党は103議席を有することとなり、148議席を得た与党・民主正義党に匹敵する勢力が生まれた。しかし、そうした風を起こす要因の一つであった金大中は、当初の想定通り自宅に軟禁されることとなる。

金大中が韓国に帰国したことで、民主化運動は求心力を増すかに見えたものの、そのあたりから次第に金大中と金泳三の対立も目立つようになっていく。野党の大統領候補にどちらがなるかという問題は、彼らの支持層あるいは配下の議員を巻きこんだ対立の様相を呈した。日本でも政治の世界には派閥があるが、彼らにかんしては1970年代より両者の居住地の名前をとって、金大中派は「東橋洞系《トンギョドン》」と呼ばれ、金泳三派は「上道洞系《サンドドン》」と呼ばれていた。そして、金大中は急進的民主派であり、金泳三は穏健的民主派という立場もあって、相容れない部分が出てきたのである。また、金大中は全羅道政治家の象徴的存在であり、金泳三は慶尚南道を代表する政治家であった。両者はその支持基盤を意識せざるを得ず、朴正熙が残した「負の遺産」の一つである地域対立は野党のなかですら暗い影を落としていた。そして、両者の対立が明らかになるにつれ、与党もそれに拍車をかけようと議員の引き抜きを仕掛けるなど、当時の韓国政治は不安定の度合いを増していた。

全斗煥と当時の韓国

ここで、全斗煥大統領の特性にも目を向けておきたい。彼のもっている政治家としての資質は、同じ軍人出身の朴正熙に比べると大きく見劣りするとの評価が一般的である。筆者も基本的に同意するところであるが、そこには政治や歴史の連続性も加味する必要があろう。朴正熙の指導者としての資質をふり返ってみると、その長所として、一般的に軍人政治家が評価される要因である汚職等への清廉さと、経済的なビジョンを同時に有していたことが挙げられる。一方、短所としては、独裁を強めるなかで権力に固執した点や、周囲の人材の劣化を招いた点、敵対するリベラル層への強硬姿勢が挙げられる。そして、その短所は独裁の定めの如く年を経るごとに悪化した。そうしたなかで、暗殺によって突然に強大な権力の空白が生まれたのである。

たしかに、全斗煥は朴正熙と同様にクーデターを行って権力を得たものの、鄭昇和と政策やビジョンにちがいはなく権力闘争を行ったに過ぎず、後に明らかになるように清廉さにも欠けていた。また、民主化は自らの権力基盤の揺らぎにも直結するため、全斗煥は以前にも増して強硬な態度をとった。換言すれば、朴正熙が保持していた長所のない全斗煥が、劣化した強大な独裁権力を運命の巡りあわせで受け継いだ構造があった。そこで全斗煥が、朴正熙の方針を受け継ぐ選択をしたのは無理からぬことだったのである。

ただし、全斗煥の朴正熙の模倣に徹する姿勢は過ちばかりではない。引き継がれた経済政策は高度経済成長を継続させ、当時NIEs（新興工業経済地域）と呼ばれていた経済発展をとげた途上国のなかでも韓国はトップランナーであり続け、後の先進国への足掛かりをつかんでいく。そうした経済的な方針を象徴するものとして挙げられるのが、1988年のソウル・オリンピック招致の成功である。かつて日本が1964年の東京オリンピックを目途に国内のさまざまなインフラを整備し、たしかな成長度合いを世界に示したように、韓国もその成果を存分に見せようとした。特に、1980年のモスクワ・オリンピック、1984年のロサンゼルス・オリンピックという2回の五輪が東西冷戦の影響を受け参加国が限られてしまった状況を継続させては、冷戦の落とし子のような韓国にとって民族の悲劇を再生産することになる。そこで、各国へ参加を呼びかけるべく、全斗煥大統領は積極的に外遊を進めたのであるが、1983年10月9日、ビルマ（現ミャンマー）のアウンサン廟への参拝の際に北朝鮮の工作員が仕かけた爆弾で副首相をはじめ21名（内、韓国関係者17名）が死亡する事件が起きる。全斗煥大統領は到着が遅れたために事なきを得たが、南北朝鮮の対立は継続し、全斗煥は反共の姿勢も朴正熙から引き継ぐこととなった。

そして、もう一つ全斗煥が朴正熙から受け継いだものがあった。それが日本との借款等を背景とする経済関係の強化と、それを維持するための国内における歴史問題への対処である。しかし、全斗煥大統領には1960年代のように歴史問題を強硬な姿勢で封じこめることはむずかしい環境があった。民主化を望む声がじょじょに高まるなかで、歴史問題の解決を望む国民の声までも抑えることは、政府に対する反発を高めてしまう危険があったためである。そうした状況下で、1982年と1986年に日本の歴史教科書をめぐる問題が発生し、韓国国内での日本への歴史問題に対する反発は高まった。韓国政府は、日本政府とのあいだで公共借款などの経済協力を調整していたこともあって批判はするものの、それは大分抑制されたものとなった。全斗煥大統領は外交と内政のあいだで、微妙な舵取りを求められたのである。日本からしばしば「1980年代に入って突然、韓国や中国が歴史問題を主張し始めた」との発言がなされることがあるが、それまで政権の意図に沿うように抑えられていた国民の反発が、民主化の動きのなかで蓋をしきれなくなっていたのが当時の韓国の実態であった。

大いなる達成感と失望

そうしたなかで、野党としての地位を確立した新韓民主党は1000万署名運動を展開するなどして、民主化運動の主体であった大学生との連携を深めていった。その動向を感じていた全斗煥政権は一時「在任中でも憲法改止の用意がある」との方針を示していたが、金大中と金泳三を中心とした改憲強硬派が新韓民主党を割って出て統一民主党を立ち上げるのを目の当たりにして、態度を一変させる。全斗煥大統領は、1987年4月13日に「4・13護憲措置」を発表した。護憲というと通常、日本では民主的なものを想像されることが多いが、当時の韓国の憲法は、維新憲法の流れを汲んだものであり、護憲との発表は大統領直接選挙制の否定を意味していた。

しかしながら、それは全斗煥政権にとって最悪のタイミングでなされた行動であった。当時、同年1月にソウル大学に通う学生運動家であった朴鍾哲《パク・チョンチョル》が治安本部の拷問により死亡していた事件に対して批判が高まるなか、政府が関係者の隠蔽を図っていたことが5月に明らかとなり、「国民を抑圧する政府が、国民の多くが望む大統領直接選挙制（民主化）を妨げている」との認識が急速に広まったのである。その意識は国中を席巻し、ソウルをはじめ各地で民主化を求めるデモが広がることとなった。1980年代前半に大学生に限られていたデモは、彼らを先頭に据えつつ全市民に広がった。その数は、ソウルにおいては100万人以上といわれ、各大都市の目抜き通りも人で埋まった。

かつては光州事件のように軍の実力行使を行った全斗煥大統領であったが、そうしたデモに対して圧力をかけることはむずかしくなっていた。それは当時の国内における不支持はもちろんであるが、外的な要因も大きく作用した。光州事件の際に、傍観者に徹し市民を見殺しにしたとして民主化勢力からの信用を失ったアメリカであったが、今回はその市民運動の大きさから国務次官補であったガストン・シグールがレーガン大統領の特使として全斗煥大統領の元に派遣され、韓国政府による武力鎮圧を牽制したのである。また、翌年に迫ったオリンピックの開催を成功裏に行うためには、開催地であるソウルで軍隊が市民に暴力を用いることは避けなければならないという事情もあった。

こうして大学生が保ち続けた民主化への灯は大きな炎となり、国を埋めつくした。これ以上、それに抗しきれないと考えた全斗煥大統領は、後継者に指名した盧泰愚民主正義党代表委員に6月29日、「民主化宣言」を表明させることとなった。そこでは、①大統領直接選挙制の実施、②金大中の赦免・復権、③政治犯の釈放、④人権・自由の強化などが明示され、韓国はついに軍事政権から民主化を勝ちとったのである。それは正に市民が一体となって成しとげた無血革命であった。

大統領直接選挙制が正式に認められたことで、与党は盧泰愚を押し出す方針を維持し、選挙戦に向かうこととなった。一方、当時の野党勢力には金大中、金泳三、そして1983年から1986年までアメリカに退避していた金鍾泌という「三金（スリー・キム、三金氏などとも）」と呼ばれる3人の有力者がいた。それぞれに、金大中は全羅道、金泳三は慶尚南道（釜山を含む）、金鍾泌は忠清南道と強固な支持基盤を有していることが特徴であった。盧泰愚も慶尚北道（大邱を含む）が支持基盤であり、彼らは政治的なちがいはもちろんであるが、それまで支持を続けてきた地元の支持者からの「大統領を目指すべき」との声に対処する必要があった。本来であれば、国中を巻きこんだデモの熱をもって、朴正煕、全斗煥と続く軍事政権の流れを断ち切り、民主化を主導してきたリーダーが選ばれるというのが、当然の流れであった。しかし、そこに韓国特有の地域主義、そして30年近く政治の世界に身を置いて来た金大中と金泳三にとっての大統領への思いが、明確に見えていた文民政権への道を不透明なものにしてしまったのである。

民主化実現前まで、金大中と金泳三は互いに大統領選への出馬に対して積極的な発言を控えていた。しばしば、互いに譲りあうようにして、「自分は辞退するので、国民的な支持のある貴方が大統領選に出馬すべき」と発言しあっていたのである。しかし、両者の根底には別の思いも存在していた。金大中の数々の弾圧を乗りこえて不死鳥のように蘇ってきた姿に国民の広い支持があることは自他ともに知る所であり、一方、金泳三も金大中が海外への亡命や自宅軟禁、懲役等で発言ができないあいだに国内の民主化運動を実際に牽引してきたという自負があった。事実、統一民主党の党内政治の場においては、意識的にどちらを上に置くということはせず、本人や派閥のメンバーの役職もちょうど半分になるように振り分けられていた。支持基盤や経歴を見ても、両者の評価は正に甲乙つけがたかったものの、大統領選挙に際して党としては候補者を一人に絞らざるを得ない状況があった。

1987年10月27日、国民投票の結果を受けて新たな憲法が確定したことで、その50日後（12月16日投票）に迫った大統領選挙の方針について野党は決定を迫られた。しかし、金大中と金泳三の交渉は決裂していまい、11月12日、金大中は平和民主党を新たに結成することとなった。しかし、それで各陣営の熱意が下がったかといえば、そうではない。当時の報道などを見ても、金大中、金泳三、盧泰愚それぞれが演説会において視界に収まり切らないほどの大観衆を集めており、1971年に朴正熙と金大中が争って以来、18年間大統領選挙から離れていた韓国の動向は読みきれない部分が多かった。

しかし、11月29日に状況を大きく変える事件が発生する。ソウル・オリンピックの開催妨害を意図した北朝鮮による大韓航空機爆破事件である。当初は単なる飛行機事故かと思われていたものの、その後、同機に爆弾をしかけた工作員・金賢姫《キム・ヒョンヒ》(2)がバーレーンで確保され、選挙の前日にソウルに移送された。自殺防止用のマスク（猿ぐつわ）をつけて、飛行機のタラップを降りる姿は韓国国民に強烈な印象を残した。韓国に着いた当初、金賢姫は自らを北朝鮮の人間とは自供していなかったものの、多くの韓国人はそれを北朝鮮の犯行と捉えた。それは同時に、国の危機を実感させ、軍人出身の盧泰愚に浮動票が大きく流れることも意味していた。

大統領選挙では最終的に、盧泰愚が828万票（得票率：36％）、金泳三が633万票（28％）、金大中が611万票（27％）、金鍾泌が182万票（8％）という結果が出た。それぞれに前掲の支持基盤地域においては首位の得票を記録しており、特に全羅道において金大中が9割の票を確保しながら、慶尚道での得票率は5％にも満たなかったことは、地元における人気の高さと地域主義の根深さを知らしめることとなった。そして、金泳三と金大中が得た票差はわずか

（2）金賢姫（1962～）平壌生まれ。平壌外国語大学日本語学科を卒業し、工作員となるまで、日本人拉致被害者の田口八重子と推定される人物から教育を受けた。大韓航空機爆破事件の実行犯の一人で、1990年3月に死刑判決を受けるが、翌月特赦。1997年に彼女の警護を担当していた元国家安全企画部の男性と結婚し、現在も韓国で特別警護を受けて生活。

であり、民主化勢力の象徴であった彼らの票を合わせれば過半数に届いていた状況もあったため、韓国の民主化を期待していた国内外の人々からその結果は失望をもって受けとめられた。事実、金大中も金泳三も、当時の自らの決定が韓国の本格的な民主化の実現を遅らせてしまったと、その後、度々反省の弁を述べている。

市民の圧倒的な声をもって民主化が果たされた韓国において、地域主義や政治家二人のエゴが影響し、結果的に全斗煥大統領から後継者に指名された盧泰愚が当選したことは、半年前の民主化デモの熱狂からすれば、あり得ない結果といえた。ただし、この経験と失望が後述する韓国の大統領選挙の戦術面で大きく影響していく。

リベラルの新たな光

その後、盧泰愚政権は1988年2月25日に発足し、4月26日には初めての国政選挙を迎えた。与党・民主正義党は過半数の150議席に届かず125議席。金大中の平和民主党は70議席、金泳三の統一民主党は59議席、金鍾泌の新民主共和党は35議席と、先の大統領選挙で一敗地に塗れた三金は政権与党を議席で上回ることで、一定の存在感を示すことに成功した。そして、大統領選挙の得票数で金泳三に敗れた金大中は、この国政選挙では平和民主党が統一民主党の票数を上回ったことで、野党政治家としての地位を改めて確保したといえる。そして、国政選挙で10月維新以来、16年ぶりの議席を得た金大中は国会で光州事件の関与について全斗煥を追及した。それは、かつて光州事件を引き起こしたとの濡れ衣を着せられ死刑判決を受けた金大中が、そうした状況を裏で指揮していたとされる全斗煥を追及する立場に立ったことでもあり、正に皮肉な運命といえた。

また、この選挙では釜山で人権弁護士として活動していた盧武鉉が地元の金泳三に誘われる形で、釜山市東区から出馬し当選を果たしている。彼は弁護士時代の経験を生かし、国会でもその弁論を存分に生かす。特に、全斗煥政権内での不正や光州事件についての聴聞会のやり取りはテレビ中継されたこともあって、彼は国民的な人気を博し「聴聞会スター」の称号を得ることになった。

一方、盧武鉉の盟友であった文在寅も金泳三から出馬の誘いを受けるが、それを断り、弁護士の職を続けた。盧武鉉が国会議員として活動することは、それまでの彼の仕事を文在寅が引き継ぐことでもあり、当初は仕事の負担が増加したものの、じょじょに彼の仕事に賛同する人が増え、1995年には「法務法人釜山」を設立することとなる。その事務所には盧武鉉も籍を置き、盧武鉉の姉の娘婿も勤務するなど、文在寅と盧武鉉の関係は強固なままであり続けた。

その後も文在寅は、ことあるごとに国政選挙への出馬を誘われることになるが、「在野から政府を批判することに意義を感じており、原理原則を重視する自分の性格は弁護士には向いていても政治家向きではない」として、それを受け入れることはなかった。その意識の通り、彼が弁護士の仕事と並行して行ったのが、「ハンギョレ新聞」（現在は「ハンギョレ」）の設立委員であった。前掲のように、全斗煥政権はメディアを規制し、報道は大手に限られ、政権の意図に合わない記者は退職に追いこまれることが珍しくなかった。そして、退職を余儀なくされた記者などを中心として1988年5月15日に立ち上げられたのがハンギョレ新聞であった。同紙は市民から株主を募り基金を作って刊行されたが、その株主には金大中も含まれており、創刊号印刷の際には初代代表とともに輪転機の前で初版が刷り上がるのを待ったという。韓国のリベラルを代表する両者が、韓国を代表するリベラル系新聞の刊行に深くかかわっていたことは大変興味深い。同紙は現在では全紙が行っているハングル専用（漢字なし）を先駆け、横書き表記、編集長の選挙制などを取り入れて韓国のリベラル紙としての地位を確保している。とはいえ、設立当初、同紙には潤沢な資金があったわけではなく、文在寅は同社の釜山支社長も務める傍ら、自腹を切ったり、融資を得るために各所へ奔走したとされている。かつて国会にていくら同紙に支払ったのかと質問を受けた際も、昔のこととだけ答弁したものの、数百万円規模であったことはまちがいないといわれている。

1988年における二人の人権弁護士の動向を見ると、文在寅は政治家としてではなく、民主化を成しとげた市民の声を後世に引き継ぐことに対して熱意を傾けていたのである。

盧泰愚の統治手法

三党合同という後退

盧泰愚政権は就任の年にソウル・オリンピックを迎えた。それまでの調整や、ソ連のゴルバチョフ書記長就任を契機に冷戦が収束しはじめていた状況もあって、初の韓国でのオリンピックは正に「平和の祭典」といった状況を示し、競技自体は成功裏に終わった。しかしながら、オリンピック誘致や広報のための外遊等を積極的に行い、成功の基礎を築いた全斗煥は非難に晒され、その晴れ舞台を直接自分の目で見ることはできなかった。1988年11月23日に聴聞会から続く追及によって不正蓄財等が明らかになり、139億ウォン（後にごく一部にしか過ぎないことが明らかになる）を献納した全斗煥は、江原道の山寺に夫婦で蟄居することになったのである。

それまでの韓国の大統領は亡命やクーデター、あるいは暗殺により、後継者がその地位を得る状況があった。そのため、後継者は前任者を非難することはあっても、具体的に罪を問える状況にはなかった。しかし、平和裏に政権移譲がなされたならば、疑惑を抱えた前任者が国内に住んでいる場合、その追及は厳しいものとなる。特に、盧泰愚大統領の場合は選挙での得票が36％と低く、全斗煥前政権の支持も低かったために自らの地位をたしかなものとするには、前政権からの脱却を印象づけるよりほかなかった。しかし、残念なことに、その後の政権でも自らの新規性を表現するために前政権を糾弾する手法が定着することとなる。

また、盧泰愚政権は外交的には大きな成功を収めた。１９９1年9月の北朝鮮と同時の国連加盟、彼の外交の旗印である「北方外交」の主軸となるソ連および中国との国交正常化といった成果は特筆されるものであり、国内外で彼に向けられていた軍事政権色を薄めることに成功したともいえよう。しかし、政治における盧泰愚大統領が招いた最も大きな変化は、１９９０年1月22日の民主正義党・統一民主党・新民主共和党による三党合同で生まれた民主自由党の結成であろう。１９８０年5月に全斗煥や盧泰愚を中心とする軍部に逮捕された金鍾泌率いる新民主共和党の動向も注目されたが、特に金泳三率いる統一民主党が軍事政権直系に当たる民主正義党と統合することは大きな驚きをもって受けとめられた。１９８7年の大統領選挙における金大中との調整失敗は、年長者であり、支持基盤の人数も少ない金大中へ批判が向かったものの、この新党結成を実行したことで金泳三は大きな非難を受け、「民主化の闘士」といった印象を大きく損ねることとなった。

韓国では与党が劣勢な様子を「与小野大」と呼んでいるが、政府と国会の緊張関係が存在し、政策立案のために合議・調整が必要な状況は、却って民主主義の特性でもある多様性が得られる状況があった。しかし、盧泰愚政権にとって、それは政策が実現しない状況に映った。そこで、盧泰愚大統領は金大中と金泳三に同時に声をかけ、金大中には断られたものの、金泳三を抱きこむことに成功したのである。金泳三は「与野党四党の四極構造では政治課題を、なにひとつ解決できないという判断があった」と後に記しているが、民主主義とは本来、即断即決の政治形態ではない。民意をもって代表者を選出し、議会で多数派を占めることは出発点ではあるものの、その議会において代表者が合議を重ね誰もが一定の賛意がもてる多様性を有する政策を実現していくこと、そして、その成果を国民が甘受することまでも含めて民主主義なのである。もちろん、法案等を提示する政府の側からすれば、その状況は自らの政策の実現が遅れ、民主的手続きに対して「何も決められない政治」といった評価を下されやすい。しかし、そうした認識は独裁を期待する土壌を生み、延いてはそのなかで腐敗や民意を顧みない姿勢が生まれてしまうことは、１９６０年代に韓国が自ら経験している。

結局、民主自由党は２９９議席中２１８議席という、７割を超える議席を有する巨大与党となった。国会運営においても、光州事件補償法案で強行採決を行い、ほぼすべての野党勢力に当たる80人が辞表を提出するなど国会は空転した。同法案では強行採決が行われた上、その法案を通そうとする政党のトップ・盧泰愚が光州事件にかかわっていたことを考えれば（後に実刑判決）、与野党の議論が納得する着地点を見出さない限り、大きな禍根を残すことを意味していた。また、当時、軍が与野党を含めた国会議員を調査していたことが明らかとなり、金大中は軍の中立化等の諸問題の解決を求めて1990年10月に断食を行った。その際、金大中を金泳三が見舞ったのであるが、三党合同についての意見の相違を互いにぶつける結果となり、1983年の金泳三のハンストを契機に両者が手を結んだことを考えると、その構図はその後の両者の歩みを象徴する悲しい場面となった。

また、金泳三の三党連立という彼の従来の行動や発言と矛盾する判断に対して、元々の統一民主党のなかでも少ないながら反発は存在していた。その声を挙げた人数はわずかに5名であり、彼らは無所属の2名の議員とともに民主党を再度立ち上げたが、そのなかの一人が盧武鉉であった。人権弁護士として民主化闘争に身を置き、それによって国会議員の職を得た彼にとってみれば、その判断は至極当然なものであった。しかし、盧武鉉が当選したのは、金泳三の支持基盤である釜山であり、金泳三の支持者にとって「裏切者」に映った盧武鉉はその後、落選をくり返すこととなる。

隠遁者・朴槿恵

韓国政治が激動を続けるなか、本書の主人公の一人、朴槿恵は正に隠遁状態にあった。父親の国葬が終わった後、青瓦台を離れた彼女の元から父親の支援者の多くが去ったこともあり、母親の陸英修が子どもたち（朴槿恵と妹の朴槿令《パク・クニョン》、弟の朴志晩《パク・チマン》）のために残したとされる育英財団の理事長としての業務が朴槿恵の主たる仕事になった。表舞台から姿を消していた朴槿恵であったが、民主化運動が大きくなるに従い、軍事政権の基盤を作った父親の評価が低下していくのを感じ、追慕事業を立ち上げることとなる。その事業に積極的に協力していたのが、崔太敏によって立ち上げられ、1980年に全斗煥大統領により解散を命じられたセマウム奉仕団の元関係者であった。つまり、従来の人間関係が崩れ、親の名誉回復が困難に直面するなかで、朴槿恵を支えたのが崔太敏親子であった。朴槿恵は自伝のなかで彼らを暗に示しつつ「世間の冷たい視線と抑圧にもかかわらず、私と志を同じにする方々の真心は決して誰も勝手に解釈できない」と語っている。

事情を知らない、ほとんどの韓国国民にとって、そうした発言は情に厚い言動と捉えられた。しかし、彼女のきょうだいは1990年、盧泰愚大統領に「姉が崔太敏とその周辺に取りこまれているので、救出をお願いしたい」との嘆願書を送っている。家長としてふる舞っていた朴槿恵であったが、これ以降、育英財団の理事長職を妹に譲り、きょうだいとも疎遠になっていく。ただし、そうした背景に弟の朴志晩の度重なる薬物事件による逮捕などもあったことは、注記しなければならない。親族としての告発は単純に姉を思った行動とはいい切れなかったのである。両親を暗殺という形で亡くした朴槿恵は残された家族との関係も希薄になり、自然と自らを近くで支える崔太敏親子との関係を密にしていく。政権の外で起きた、朴槿恵きょうだいの対立は後に韓国全体を揺るがすスキャンダルを予感させるものであった。

金泳三の強硬姿勢とその影響

予想外の施策

1970年代から1980年代にかけて、韓国国内において民主化を推進する政治家といえば金泳三であった。金大中が政権側によって行動を封じられるなかで、軍部とも協調や妥協の道を探りつつ、ときに迫害を受けながら主張を通す姿は頼もしさを感じさせた。そうした印象があった分、彼が盧泰愚大統領との連立に合意した際には金大中の支持者はもちろん、旧来の彼の姿勢を支持してきた人からも強い失望があった。しかし、1992年12月18日の大統領選挙においては、金大中の804万票、そして現代財閥の創始者である鄭周永《チョン・ジュヨン》の388万票を大きく上回る997万票を獲得して、金泳三は大統領の地位を得た。元々の支持基盤、保守層、反全羅道（反金大中）層などを取りこむことで確実に勝利を得たのである。

当選の一方で、大統領としての金泳三についての期待は盧泰愚との連携の印象もあり、あまり高くなかった。しかし、政権発足後、不正や軍人出身者の排除などを断行し、彼への国民の支持は高まった。「本来の政策理念の下、盧泰愚政権では完成できなかった軍事政権から文民政権への脱却を彼ならば図れる」と感じさせたのである。また、長年のライバルであった金大中も3度目となる大統領戦の敗北に落胆し、選挙の翌日、政界引退を決意する。その後は、国内や同盟関係にあるアメリカに居ては政争に巻きこまれるとの考えもあり、金大中は1993年1月に以前から誘われていたイギリスのケンブリッジ大学へ留学することとなる。その時期のヨーロッパは東西ドイツ統一から2年ほどが経ち、朝鮮半島の統一を目指す上で学ぶ所が多いという面も彼の判断を後押しした。

金泳三は民主的な選挙で大統領に当選した初めての政党政治家であり、その支持を背景に民意を重視する姿勢をとっていた。それはときに強硬さを見せる。その特徴的なものの一つが日本との歴史問題への向きあい方であった。全斗煥政権時も、韓国政府は日本の教科書問題で国内の意思に沿い、多少強硬な対応を見せてはいたものの、日韓米の関係が良好であったことや日本からの借款を重視していたこともあり、それはある種「ガス抜き」との側面が強かったといえる。しかし、金泳三大統領が実行したのは、明確な日本との過去の清算であった。可視的な部分でいえば、1995年8月15日から行われた旧朝鮮総督府庁舎の撤去である。当時は国立中央博物館として使用されていたが、立地として光化門《クァンファムン》と景福宮《キョンボックン》のあいだにあり、王宮の建物の前に近代的な植民地支配を想起させる庁舎が置かれた状態であった。そこが2016年秋以降の朴槿恵大統領を非難するデモが行われた場所といえば、日本の読者の方にも旧植民地時代の遺物が残る不自然さが分かるであろう。たとえるならば、東京駅と皇居のあいだに被支配の象徴たる建造物があるようなものである。現在、そこには李氏朝鮮時代の建造物が再現され、多くの観光客が訪れているが、当時その場所は多くの韓国人にとって歴史的宿痾とも感じられるものであった。また、歴史問題が日本とのあいだで生じた際にも、対立姿勢が維持され、日韓関係は停滞を余儀なくされた。

金泳三の対北朝鮮政策

金泳三の外交上の強硬姿勢を示すものとしては、北朝鮮への対応も挙げられる。当時、社会主義陣営の相次ぐ崩壊、それに伴うアメリカの一強支配、そして独裁国家イラクへのアメリカを中心とした湾岸戦争発生等の状況により、北朝鮮は西側からの圧力を受けることとなった。また、かつては存在していたソ連による「核の傘」も失われたことで、北朝鮮は自国による核開発の方向へと大きく舵を切ったのである。核開発を行おうとする北朝鮮と国際社会の緊張は1993年から1994年にかけて激しくなったが、金泳三大統領の姿勢は強硬一辺倒といえるものであった。特に、北朝鮮が核開発を行わない代わりに各種の支援を受けるべく、国際社会とのあいだでさまざまな交渉を行う最中の1994年7月8日、北朝鮮の最高実力者である金日成国家主席が亡くなるのであるが、その際、金泳三大統領は通常の外交儀礼である弔意の表明を行わず、全軍に緊張を解かず厳戒態勢をとるよう指示を出した。それにより当初企画されていた南北首脳会談の企画も立ち消えになるなど、南北関係は一層の冷えこみを見せたのである。

しかし、そうした姿勢を金泳三大統領が見せたことは、彼の経験を踏まえると当然でもあった。1960年9月25日、彼の地元に潜んでいた北朝鮮のスパイが、生活が立ち行かなくなったため、日本へ密航する船を入手する資金を得ようと、彼の生家に押し入ったのである。網元を営んでいた彼の実家は、チュソク（祖先祭祀や墓参などを行う日）を控えて船員らにお金を支給するために大金を用意していた。強盗に遭った彼の父親は銃撃で気絶し、母親は腹部に銃弾を受けて死亡した。直接、彼の政策との関連で話されることは少ないが、彼が他の中道系リベラルの立場をとる政治家に比べても北朝鮮に強硬であったことはたしかである。

金泳三大統領の強硬さは内政でも見られた。それは過去の大統領に対する不正の追及と断罪であった。これには過去からの脱却、ならびに先進国への脱皮という認識が背景にある。金泳三政権は1993年の発足直後から公職者倫理法の改正や金融実名制を取りいれた。これにより国内にある不正の透明化を図ろうとし、加えて国際的なマネー・ロンダリング体制への適合を見せようとしたものである。国際的なマネー・ロンダリングを主導するのは、FATF（マネー・ロンダリングに関する金融活動作業部会）と呼ばれる組織であるが、FATFの事務局は「先進国クラブ」と呼ばれるOECD（経済協力開発機構）のなかに置かれている。つまり、経済発展に成功したかつての途上国という評価ではなく、完全な先進国として認められることを望んでいた韓国にとって、国際的な金融基準に国内の体制を合わせることは必須要件でもあった。

そうした法整備を進め、国内の軍事政権時代から続く金銭の流れが明らかになるにつれて、かつて追及を受けた全斗煥の資産は想定をはるかに超えることが明らかとなった。1996年から行われた裁判で示された彼への追徴金の額は2205億ウォンであり、盧泰愚も2628億ウォンの追徴金を課された（全斗煥については、その後も国内外の隠し資産が指摘されている）。加えて、両者には粛軍クーデターや光州事件の責任も問われることとなり、全斗煥は死刑、盧泰愚は懲役17年の刑を受けた。かつて全斗煥が政治的脅威であった金大中を光州事件の関与という濡れ衣を着せ、死刑の流れを作ったことを思うと、あまりの暗転ぶりであった。一方で、金泳三大統領にとって盧泰愚はかつて連立を組み、その支持基盤であった慶尚北道の票を得て大統領になれたこともあり、逮捕には消極的であったとされる。

アジア通貨危機がもたらしたもの

韓国政府が経済の先進国化を目指すなかで、金融の規制緩和も行われ、企業の借り入れが急速に増える状況が生まれた。金泳三政権になってからも経済成長は順調に進んでいたものの、個々の企業の実態に比べて借り入れが肥大化してしまった面があった。また、金融の透明性を高めようとした対策をとったものの、政府の監督・管理が伴わず、経済の自由化を目指しながら十分な外貨準備を怠った面もあった。そうしたなかで、1997年7月にタイのバーツ下落に端を発したアジア通貨危機が発生し、韓国もその渦に巻きこまれ、前掲の経済上の短所が傷口を大きくしてしまう。実際に、その影響は韓国経済全体におよび、たとえば当時、日本に留学していた筆者の周辺でも私費留学の学生のなかには仕送りが途絶え、授業料や食費に困る者もおり、韓国国内においても同様の事態が見られた。

そうした韓国経済の混乱が一人の女性の意識を変えた。その当時、国の危機が叫ばれるなかで、自らの父親の成果が水泡に帰すのではないかとの思いを強めていた朴槿恵である。育英財団の理事長職も退き、一層の隠遁状態にあった彼女であったが、失業者が溢れ、韓国経済の歪みを朴正熙が作りだしたとの批判が出るにおよんで、ついにそれまで固辞してきた政治家への道を選択した。彼女が入党したのは、かつて三党合同で作られた民主自由党の後継政党であるハンナラ党であった。知名度のあった彼女は、1997年12月の大統領選挙で李会昌《イ・フェチャン》(3)候補への応援演説を契機に政治家としての歩みを進めていく。

金泳三大統領が経済危機の影響で大きく支持を落とすなか、李会昌の対立候補として出馬したのが、かつて政界引退を発表した金大中であった。当初、1年の計画であったイギリス留学を半年で切りあげ、韓国に戻った金大中は朝鮮半島の平和統一に向けた政策研究などを目的に「金大中アジア・太平洋平和財団」を設立した。そこでは、著名な政治学者を研究スタッフに置き、出版やシンポジウムの開催などが行われた。そうした活動の基盤になったのは、金大中がイギリス留学時代に東西ドイツの統一について見聞を深めたことである。ベルリンの壁の崩壊からわずかなあいだに決定した統一においては、東西で経済格差が3倍に開いており、異なる政治制度で30年以上を過ごしたこともあって、多くの問題が現出していた。そうした相違がドイツよりも大きい朝鮮半島においては、統一に向けて段階を踏む必要性があるとの主張がなされた。その財団のメンバーらと作りあげた統一構想は北朝鮮の挑発には強力に対処しつつ、交流と協力は続けるといった、後の「太陽政策」の基盤となるものであった。そして、それらの構想を1995年8月に『金大中の三段階統一論』として刊行すると、9月5日、金大中は「新政治国民会議」という野党を立ちあげ、政治活動を本格的に再開した。

単純に野党を立ちあげるといっても、母体が必要となる。それに際して、金大中は民主党から多くの議員を引き抜いた。その強引な手法は反発を生み、金大中の政界引退後の民主党を支えたメンバーの一人であった盧武鉉は新政治国民会議には与さず、民主党としての立場を堅持した。原理原則を重視して、落選をくり返しても我が道を行く盧武鉉と、その盟友である文在寅の姿勢は1950年代から1970年代にかけての金大中を彷彿とさせるものがある。後に、盧武鉉は新政治国民会議に入党し、金大中の後継者となっていくのであるが、何十年というスパンで韓国政治見ると、金大中の政治理念や姿勢が後の二人の大統領へと受け継がれた状況と見ることができよう。

一方、金大中はかつての朴正熙がそうであったように、現実主義的な側面を強めていく。民主党の議員を引き抜いたとはいえ、その数は与党にはおよばなかった。そこで彼は忠清南道を基盤とする金鍾泌率いる自由民主連合との連合を決める。1970年代には朴正熙との対立が囁かれた金鍾泌であったが、朴正熙とともに1961年のクーデターを実行し、親戚として彼を支え続けたことは韓国人であれば誰もが知っている。その金鍾泌と金大中が手を結ぶということは、1990年の三党連立に並ぶ衝撃であった。三党連立、そして金大中との連合というように、金鍾泌はこの10年の韓国政治のキャスティングボートを握っていた。彼自身は韓国を

(3) 李会昌(1935〜) 現在の北朝鮮に当たる黄海道生まれ。ソウル大学卒業後、司法試験に合格し1981年に当時史上最年少の若さで大法院判事を務め、金泳三政権下で監査院長や首相を務める。1997年と2002年の大統領選挙にハンナラ党の代表として出馬するも落選。2007年の大統領選挙にも保守系無所属候補として出馬し落選。現在も政治活動を継続。

大統領制から議員内閣制に改変したいとの政治的意図をもって活動を続けていたのであるが、地域主義に基づく強固な5~10%の支持層をもつ中道右派的な金鍾泌の存在は、保守・リベラル両陣営にとって皮肉にも〝活用しやすい〟ものだったのである。

そうした状況のなか、韓国の経済的な失速、政治的な野合ともいえる金鍾泌との連携などもあり、金大中は1997年12月8日の選挙において、1032万票を獲得し、993万票で続いた李会昌を振りきった。反全羅道感情や保守層からの反発を考えれば、約40万票という僅差の勝利を収めた金大中にとって、金鍾泌の票田を取りこむ選挙戦略は妥当なものであった。朝鮮戦争を機に政治家を志し、多くの死地を乗りこえ、金大中はようやく大統領職にたどりつくことができたのである。

ふり返れば、朴正煕が暗殺されてから約20年間の韓国は非常に多くの変化を経験したが、金大中をはじめ本稿の主人公たちにとって、その期間は正に雌伏の日々であった。金大中は亡命、幽閉、2回の大統領選の落選と、長年民主化を支えた人物としてみれば、十分な評価を得られたとはいえなかった。朴槿恵も隠匿期に当たり、文在寅と盧武鉉も政治的には大きな後ろ盾を失い、落選を続けるなど苦闘の日々を過ごした。しかし、この時期を超え、彼らは互いに関係を深めつつ、それぞれが大統領として自らの政策実現へと進んでいく。

第5章　リベラル政権10年の成否

経済危機という足かせ

嵐の船出

金大中は当選を決めた1997年12月19日以降、次期大統領として過ごすことになる。本来であれば、翌年2月に控える大統領就任までのあいだ、政権内の人事に頭を悩ませる所であろう。しかし、彼の前にはアジア経済危機の影響で窮地に立たされた韓国経済があった。政治家を志してから40年ほどが経過し、73歳という年齢でようやく大統領の地位を得た金大中に勝利の余韻に浸る暇はなかった。12月3日にはＩＭＦ（国際通貨基金）から583億5000万ドルの融資を受けることが決まっていたものの、それは同時に韓国経済がＩＭＦの監視下で、早急な改革を行わなければならないことを意味していたのである。

大統領就任が確定した後、金大中は自宅や党本部などで国内外の有力者との会合を大統領としての立場でこなした。そのなかには、官僚からの報告も含まれ、財政経済院長官からは国庫に38億7000万ドルの外貨保有高しかなく、対外負債は1500億ドル（その内251億ドルは1998年3月が返済期限）であることが伝えられた。金泳三政権発足時には対外負債が400億ドルであったことを勘案すれば、破産寸前に近い状況であった。その背景には1997年7月にタイのバーツ暴落以降、自国通貨レートを維持するために保有外貨を為替市場に投下したことが国家財政を一層厳しくしていた状況があった。また、企業経営としても「高度成長」「政府との癒着を背景にした潤沢な融資」などを前提として、財閥企業が成長していくモデルの歯車が崩壊した状況も事態を一層深刻なものにしていた。

当時の韓国にとって各国からの支援は非常に重要であったが、そのなかでもアメリカの支援は必要不可欠であった。しかし、アメリカはＩＭＦが提示した支援条件よりも厳しいリストラ、法改正、企業合併・買収（Ｍ＆Ａ）の規制緩和等を求めてきていた。金大中はそれらに対して受け入れの姿勢を12月22日の時点で示したことから、100億ドルの支援が早急に行われることが決まった。韓国はそれによって不渡りの危機を脱するといった正に綱渡りの状態であり、金大中政権は発足前から嵐の最中にあった。

しかし、そうした厳しい条件を受け入れるということは韓国の労働者にしわ寄せが向かうことにほかならなかった。結果的に、自由主義経済主体の経済改革がなされたものの、経済的推進力確保のために財閥企業が一定程度温存されることとなり、一極集中構造は固定化を続け、21世紀に入った後、若い世代や途中退職者などがその負担を被り、後に述べる「地獄」とも評されるほどの状況が生まれることとなる。もちろん、緊急事態にあった当時の韓国がそこまで見通せるわけもなく、国家存亡の危機であるとの認識から労働者も一定程度のリストラを受け入れ、大きな反発は回避された。また、非難が金大中に向かわなかった背景には、彼がそれまで民主化や市民運動を主導してきたため、そうした施策をとらざるをえないのは、非常事態に起因するとの認識があったことも影響したと思われる。

そうした国難に対する韓国国民の姿勢を代表するものとして、その当時、国内外で大きく注目されたのが「金集め運動」であった。国庫が危機的状況にあると知った韓国人は、タンスのなかに眠っている金を銀行にもち寄り、結果的に226トンもの金が集まり、21億5000万ドルが国庫へ寄付された。これは単に韓国の各家庭に金があったと見なすだけでは、近視眼的な見方である。韓国では朝鮮戦争の際に多くの国民が住む家を失い、命からがら南部へと移動せざるを得なかった。その際に重要であったのは、物々交換できる金であった。加えて、戦禍を逃れようと海外に出た場合でも金であれば、安定資産として重宝された。そうした背景もあって、韓国では日本などと比べて各家庭が金を保有している割合が多かったのである。

換言すれば、そうした金はそれぞれの家庭における非常時の備えであった。１９９７年から１９９８年にかけての経済危機の場合、国が破綻してしまえば自らの貯蓄そのものや次の世代の将来が水泡に帰すると考え、３５０万人を超える国民が自ら保有していた金を提供したのである。朝鮮戦争や民主化を経て、韓国国民は国を自らのものとして捉え、その一員としての認識が「金集め運動」に結実したといえよう。

それらの対応を経て、金大中は2月25日の大統領就任を迎えた。その演説で彼は「この１年間で物価は上がり、失業は増える。所得は落ち、企業の倒産は続く」との予測を伝えざるを得なかった。新しいリーダーの就任演説としては極めて悲観的な発言であったが、それは紛れもない事実であり、韓国国民もそれを受容した。金大中は自らの政権を「国民の政府」と名づけたように、当時、危機ゆえの一体感が政府と韓国国民とのあいだに生まれていたのである。

改革の断行

就任演説のなかで金大中は、①財閥改革、②政経の癒着構造改革、③官治金融等に対する経済改革、④ＩＴ環境整備・充実、⑤南北関係改善などを掲げた。それぞれが喫緊かつ長年の課題でもあったが、国内が改革の必要性を感じているなかにあっては、それらに対する改革は実行し易い環境にあった。

財閥については、いわゆる「タコ足」のように多業種の経営を行っていた業態に大きく変更が加えられた。政府の支援などを受けて利益が出る分野には、それぞれの財閥がかかわっていたために財閥の総体が大きくなる一方、拡大のなかで収支の悪い企業も抱えることとなった。そこで、企業間の整理統合が推進されたのである。また、金融機関からの融資も大胆かつ厳格に選別された。そうした対策は国際的な要請に沿うものであり、政府も規制を厳格にできたことから、当時韓国の財閥のなかでは3番手にあった大宇《デウ》グループの解体にまでつながっていった。一方で、財閥の根幹に位置する創業者（あるいはその後継者。子息であることが多い）によるグループ支配という問題は継続しつづけ、評価の分かれるトップダウン式の経営、同族支配に伴う幹部の問題行動は残存することとなったのである。

そして、金融業界に対しても、政府から大鉈が振るわれた。１９９８年6月には5つの銀行が清算され、７つの銀行には経営陣の大幅入れ替え、経営正常化案の作成、合併等が求められたのである。また１９９７年末の段階で２０００を超えた金融機関のうち約三分の一が廃業するほど混乱が生じた。しかし、経営状態の良くない金融機関が残存することで、資金の流動性が下がることを考えれば、それは避けられない対応でもあった。

それらの政策は世論と国際的な要請の後押しもあり、比較的順調に行われ、韓国が約１年間で経済危機を回避して先進国としての地位を固める基盤となったことは多くの人が認める所でである。現在、歴代大統領のなかでも金大中の評価は高いが、それは経済危機を乗り越えたことが大きい（一方で、金泳三の低評価は経済危機を招いた政権であることが影響している）。しかし、先の就任演説でも指摘していた政経の癒着に関しては、十分な対策がとられなかった。IMF等の要請には数値目標があり、厳格にそれを適用することで目標を達成することができたものの、帳簿に載りがたい癒着の構造についてはそれが困難だったのである。結果的に、その問題は金大中、盧武鉉、李明博、朴槿恵と続く政権周辺でそれぞれに露呈することとなり、政権の評価や政治への期待を大きく貶めることとなった。

一方で、経済危機はその後の韓国へ肯定的な変化も生んでいる。経済危機から盛り返すために、韓国は新たな起爆剤も必要としていた。そこで、金大中政権が注目したのはITインフラの整備であった。具体的には、学校や公的機関におけるパソコンの普及が進められ、高速通信網が整備されたのである。そうした対策により、ベンチャー企業の隆盛はもちろんのこと、21世紀に入ってからの通信機器の普及および基幹産業化の基礎が作られた。そして、後述する盧武鉉政権樹立にあっては、当時の韓国のIT環境の整備がそれを後押しし、インターネットを通じた落選運動やデモの参加呼びかけが一般化した。この時期のIT環境の整備は国民の声を結集することに大きく寄与し、その後の韓国政治を大きく変える一因となったのである。

太陽政策の結実とその後

北朝鮮をめぐる愛憎

金大中が就任演説のなかでも取りあげた内容で、その後の国内外の情勢を大きく変えたものとして、南北関係の改善が挙げられる。1980年代に北朝鮮はラングーン事件や大韓航空機爆破事件などの大規模なテロを起こした。そして、朝鮮戦争以降、韓国国民には北朝鮮の情報はほとんど知らされず、対立意識や思いこみも強くなる一方であった。しかし、韓国国民にとって北朝鮮は同じ民族であり、同族意識・同胞意識といったものは強い。たとえば、国際的なスポーツ大会で北朝鮮チームが出場していれば彼らを応援する韓国人は多く、何より韓国の国歌である「愛国歌《エグッカ》」の歌詞の1番には北朝鮮と中国の国境にある白頭山《ペクトゥサン》が登場するのである。つまり、愛憎相半ばする血縁者のような意識が北朝鮮に対してはある。

そして、1990年代後半には、北朝鮮による核実験やミサイル実験の脅威が東アジアを覆い、アメリカとの関係も極めて緊張していた。そうしたなかで、金大中は童話「北風と太陽」のように、北朝鮮に対して厳しい姿勢一辺倒ではなく、対話や経済協力、経済支援といった援助を通じて心を開かせ、対話を進めるという、いわゆる「太陽政策」を標榜していく。

実際、韓国国内にも太陽政策を受容する土壌が存在した。その最も大きい理由が離散家族の存在である。南北に国境が引かれなかった頃、朝鮮半島における人の移動は活発で、戦争の混乱のなかで家族と離れ離れにならざるを得なかった者は1000万人にもおよぶとされている。その代表的な人物の一人が、かつて1992年の大統領選挙にも出馬した現代財閥の創始者・鄭周永である。1915年、現在の北朝鮮の江原道通川郡（日本海側に位置し、金剛山《クムガンサン》にも近い）に生まれた彼は、農家を営んでいた実家が牛一頭を売ったお金をもち出し、ソウルで事業を始め、一代で現代財閥を作りあげた。そうした経緯にもかかわらず、鄭氏には北朝鮮に住む家族に会う機会もなく、同地の経済的苦境を知るにおよび、彼は1998年6月16日に板門店経由で牛500頭とトウモロコシ5万トンをもって行ったのである。そして、彼はその行程で景勝地として名高い金剛山への韓国からの観光客を受けれる事業を行う約束も取りつけてきた。そして、鄭周永は10月に牛501頭（合計1000頭だと末尾がゼロで縁起が悪いとして1頭追加した）を連れて再度、北朝鮮を訪問し、その際には金正日《キム・ジョンイル》国防委員長とも直接面会し、金剛山観光事業の確約を取りつけた。そうした民間の動きは、太陽政策の後押しとなる。鄭の行為はその分量から注目を集めたが、それは特別なことではなく、離散家族の人びとにとっては至極当然の行動であった。そもそも、そうした意識が韓国に存在していることが、太陽政策を実現させたといえよう。

ここで改めて金大中と北朝鮮との関係をふり返れば、融和路線を取ることは不思議ですらある。朝鮮戦争の最中、北朝鮮に財産を奪われ、自らや家族の命すら絶たれかねない状況に置かれた経験があれば、先述の金泳三と同様に強硬路線を主張するほうが自然であろう。しかし、自らの政治家転身への道を作った朝鮮戦争そのものへの怒りや、民族分断を憂《うれ》う感情が彼を北朝鮮との対話に向かわせた。そうした姿勢を貫いたことはたびたび、時の政権から「金大中は親北朝鮮派である」との攻撃理由を作ることとなったが、自らの意志や統一を願う国民の思いを背景として、金大中は融和と対話を進める方針を堅持したのであった。

太陽政策への北風

とはいえ、金大中が目指した方針は平坦な道ではなかった。太陽政策が動きだした後も、鄭周永が北朝鮮を訪問している最中の1998年6月22日の束草市《ソクチョ》（北朝鮮との国境に近い日本海沿岸の町）における戦闘用小型潜水艇の漂着、8月31日のテポドン1号発射実験、11月18日に金剛山観光が実現した2日後の江華島沖へのスパイ船派遣などの北朝鮮からの挑発ともとれる行為が続いたのである。なかでも、1999年6月15日に黄海の延坪島西側で北朝鮮とのあいだに銃撃戦が起き、北朝鮮側に30人以上の死者が出た事件は北朝鮮からの反発が予想されたが、当日も半島の逆方向にある金剛山観光は滞りなく進み、対話を続ける方針に揺らぐことはなかった。これらにより、太陽政策は単に対話の場に北朝鮮を招くために金をバラ撒く政策ではなく、時に軍事行動すら辞さない姿勢を見せつつも、極めて高度な判断と強い信念の下で行われる外交政策であることが明らかになった。

そうした政策を維持するために、金大中は将来的なビジョンの形成も怠らなかった。それが金大中アジア太平洋平和財団を中心に理論的にも明確化された「三段階統一論」である。それは、第一段階として南北が互いに異なる国家体制のまま国家連合を形成し、第二段階として単一の大統領と議会の体制下で外交や安保などの主要分野を中央政府が管轄し、内政は地域自治政府の担当とし、第三段階として中央集権制や連邦制を採択するというもので、その目標に到達するために太陽政策が必要との論法がとられていた。また、同財団で事務総長を務めた林《イム・》東源《ドンウォン》は金大中政権下で首席秘書官や統一相、国家情報院長を歴任するなど、金大中の施策は大統領就任前から一貫性を有していた。

林東源は首席秘書官当時の1998年末に金大中に対して北朝鮮への「包括的接近戦略」を提示しているが、そのなかで北朝鮮の核の脅威を取りのぞく必要性を訴える一方で、北朝鮮がアメリカや韓国の脅威を感じている点に対して、韓国もその事実を認めることの重要性についても指摘している。その上で、「相手が脅威を低減したら協議を行う」のではなく、「対話の後に相互に脅威を除去しあう」アプローチを取り、信頼醸成を図るべきとの方針を示した。これは金大中政権の基本方針となり、結果的に対話の実現や緊張の低減をもたらすことに成功したものの、金大中の退任後、韓国も国際社会も次第に「相手が脅威を低減したら協議を行う」との姿勢に戻ってしまい、北朝鮮も同様に強硬路線に戻ったことで、たびたび深刻な事態を招いてきたことは極めて示唆的である。

また、理想や理論だけに止まらず、挑発に対しては武力行使を行いながら対話や支援の道を残す金大中の方針は、1980年代以降のリアリストとしての側面も見出すことができる。加えて、「北朝鮮への支援にかかる費用は、南北に緊張が続いた場合の国防費に比べて大分安価に済み、武力衝突が起き北朝鮮の体制が崩壊した場合の急速な統一や経済支援で生じる負担は甚大である」との主張を行うことで、経済的な観点を提示し保守層からの反発を低減させたことも金大中の政治手法を表している。40年以上にわたる南北分断による深刻な対立構造のなかで統一という理想を実現するために、現実に即した対応を随時行っていく金大中の姿勢は、これまでの人生から培われたものでもあった。

そして、国際的な環境も太陽政策を後押しした。当時、アメリカは民主党のビル・クリントン政権が二期目を迎えており、日本は中道派で外務大臣経験もある小渕恵三が首相を務めていた。同盟関係にある日米のトップが強硬路線を採らなかったこともあり、大きな障害もなく金大中は自らの政策を進めることができたのである。特に、アメリカにとって北朝鮮とのあいだの緊張は常に存在していたものの、1999年3月に金昌里の地下核施設への査察が合意されるなど太陽政策の効果を実感したこと、および金大中が亡命時代に長くアメリカで生活し、人脈を形成していたこと等により、韓国が太陽政策を進める土壌が形成されたのであった。

また、日韓関係についても金泳三政権時は緊張状態にあったが、1998年10月8日に「二一世紀に向けた新たな日韓パートナーシップ共同宣言」を金大中の訪日に際して小渕首相とともに発表し、同月には日本の漫画や映画が韓国国内で公式に解禁されるという対応がとられた。そして、日本には1990年9月に自民党の金丸信元副総理、社会党の田辺誠副委員長らが訪朝し、彼らと金日成主席が直接会談を行ったという経験もあり、1990年代前半までは日本のほうが韓国に比べて北朝鮮に融和的であったという状況もあった。換言すれば、1990年代終盤の朝鮮半島情勢は金大中大統領を支える国際的環境が整っていたのである。

そうした環境下にあった2000年1月に現代財閥の関係者が北朝鮮と接触した際に、北朝鮮当局から首脳会談を行う意向があるとの情報が伝えられた。金大中大統領はそれを受けて、北朝鮮に対する肯定的かつ対話を求めるメッセージを一層活発に送るようになる。同年3月にヨーロッパ各国を訪問した際には、ドイツのベルリンにて、①北朝鮮に対する支援の準備があること、②冷戦の終結と平和の定着、③離散家族の問題に取り組むこと、④当局間の対話といった4項目を提起した、いわゆる「ベルリン宣言」を発表した。同宣言の内容は事前に北朝鮮へ伝えられるなど、金大中大統領は首脳会談開催に向けた環境作りに努めた。

そうした状況下で、南北間の交渉は秘密裏に重ねられ、4月8日に両国関係者のあいだで金大中大統領が6月に平壌を訪問するという合意がなされた。それは金大中が大統領に就任してから、2年が経過したときの出来事であった。金泳三前大統領の時代には、金日成の死去に際して弔意を示さず北朝鮮とのあいだに緊張関係があったことを考えれば、関係を本格的に改善し、相互の直接対話が可能になるまで2年間を要したと見ることもできる。交渉や対話を重視する外交方針を採る場合、状況が整備されるまで長い時間を要するが、それが軌道に乗れば、その効果は大きい。太陽政策は成果が出るまで待つことのできる強固な支持を要する方針ともいえよう。その意味で、初めて北朝鮮への融和姿勢を明確にした大統領への期待、そして経済危機を乗りきりつつあった状況が、韓国国内において太陽政策への支持を生んだと見ることもできる。

首脳会談開催が決まった後も北朝鮮とのあいだでは交渉が続き、金大中大統領が北朝鮮を訪問する際に金日成首席の遺体が安置されている錦繡山宮殿への訪問の可否などが話し合われ、林東源と金正日委員長とのあいだの直接交渉も行われた。林は帰国後、金正日が一般に考えられている「陰湿」「偏屈」「性格破綻」といった印象ではないことを金大中大統領へ伝えた。画像と限られた情報で印象が伝わる場合、現代社会であってもそうした状況が発生することは免れない実例といえる。同様の印象の変化が18年のときを経て、金正恩委員長に対してもなされていたことは教訓となりうるのではないだろうか。

初の南北首脳会談

政治家、学者、メディア関係者、主要経済団体長、財閥会長など34人にのぼる随行員の人選も終わり、南北首脳会談への期待は最高潮に高まった。そして、朝鮮半島中の関係者が見守るなか、6月13日に金大中らは政府専用機でソウルを発った。

金大中大統領が平壌に到着すると、順安《スナン》空港では金正日委員長が出迎えに現れた。その際の写真は今でも南北問題を語る際に頻繁に引用されるため、目に浮かぶ方も多いことであろう。空港では金大中大統領が融和を呼びかけるメッセージを読みあげ、空港は喚声で包まれた。そして、空港から迎賓館までの車には両首脳が同乗し、沿道は市民が途切れることなく、歓迎の意志を示した。もちろん、ルートが周知され動員がかけられたことは容易に想像できるが、その参加者は金大中を実際に目の当たりにし、会見などの場でのメッセージを聞いている。日頃、北朝鮮で韓国に対する否定的な報道がくり返されていたとしても、そうした経験は意識改善に大きく寄与する。自国の敵意に溢れていた報道に疑問をもつ機会が増えることは、さまざまな効果を生む。その後の太陽政策の中断により、北朝鮮の市民にそうした機会が失われてしまったという視点も今後の相互理解を進める上では重要となろう。

実際の首脳会談のなかで金大中は、南北が対立することの不利益を強調するとともに、北朝鮮がアメリカ、日本、ヨーロッパ諸国との関係改善を進めるために韓国が仲介役を担うとの提案を行った。また、今後の交流協力として、「分断により不通となった両国の鉄道を再連結し釜山からヨーロッパまでつながる鉄道輸送網の構築」「工業団地の設置」「金剛山だけでなく平壌や白頭山等への観光業拡大」「スポーツ交流の推進」などの提案も行った。それらのなかには実現したり、計画のままで終わったものもあったが、鉄道の延長については、その後も継続して構想が練られ続けている。

そして、離散家族に対する支援や再会の機会提供なども話しあわれた。そのような具体的かつこみいった話を両首脳が続けたことで、互いに対話の必要性を感じ、金大中の提案から南北のホットラインの設置も決まった。結局、金大中の2泊3日の滞在期間中、両首脳は11時間にわたり席を共にした。その成果として最終日に発表されたのが「南北共同宣言」である。そのなかでは、「離散家族の問題」「経済協力の推進」「対話の継続」「金正日委員長のソウル訪問」などが示されたが、そのなかで、これまでの金大中の歩みを象徴するものが、「両国の統一方針の明記」であろう。宣言内では「南の連合制案と北側のゆるやかな段階での連邦制案が、互いに共通性がある」とされ、会談のなかではソ連解体後のＣＩＳ（独立国家共同体）がそれに近いという認識が交わされた。金大中が考え続けてきた統一への青写真が南北政府の合意として示されたことは、彼にとっても感慨深いものがあったに違いない。

当時の北朝鮮と韓国の関係は、正にデタント（雪解け）と呼ぶにふさわしいものであった。それが継続しなかったことも、冷戦期のデタントと似ていなくもない。残念ながら国内外の人びとは、南北間に希望を感じた時期があったことや意義を時の経過とともに忘れてしまう。もちろん、南北の首脳会談があったことは印象深く、認知されているのであるが、その前後に起きたいくつかの変化を捉えきらなければ、その時点での基準のみで物事が判断され、堂々めぐりをくり返してしまうことを常に意識する必要があろう。

それを象徴するのが、北朝鮮首脳への評価である。金正日は当初、孤立した独裁者であり、ジョージ・ブッシュ大統領の表現を借りれば「ならず者」といった懸念が韓国国内はもとより、海外メディアでも伝えられ続けていた。そのため、交渉が成り立つ期待値は低く、北朝鮮への支援は軍隊への支援にしかつながらず、有害ですらあるとの非難もあった。しかし、この時期以降、彼の評価は国内のプロパガンダ映像や政策から類推するものではなく、アメリカのマデレーン・オルブライト国務長官らとの交渉を行った際の印象からもうかがえるものとなっていく。それは対話が可能で、妥協も厭わず交渉力を有し、話好きですらある人物像である。

また、当時はスポーツの場においても、融和が進んだ。２０００年9月のシドニー・オリンピックの開会式では、韓国と北朝鮮の選手団が朝鮮半島をかたどった統一旗を掲げて共に入場行進を行った。また、2002年9月の釜山アジア大会には280人の北朝鮮からの女性応援団、いわゆる「美女応援団」が来韓し、国内外の注目を集めた。同大会では、南北統一チームも作られるなど、スポーツという一つの共感しあえるフィルターを通して、相互理解が進んだのである。ただし、それは政治家だけによる成果ではない。一つ一つの積み重ねを見れば、競技者をはじめとする統一を望む両国の市民が推進したものであった。

太陽政策に対して、首脳会談直後の韓国国内の世論調査では軒並み9割以上が金大中大統領を支持した。加えて、国際的に見れば、金大中大統領が2000年のノーベル平和賞を受賞したことが、その価値を表している。その選考理由には南北の融和を進めたことはもちろんであるが、韓国の民主化に尽力したことも大きいとされた。しかし、韓国にとっては同盟関係にあるアメリカ大統領の交代が大きな分岐点となる。クリントンの後任となったブッシュ大統領は2001年の同時多発テロ以降、テロ支援国家への強硬な姿勢を見せ、翌年1月の一般教書演説ではイラン、イラクとともに北朝鮮を「悪の枢軸」と呼んで非難した。そして、実際に2003年3月にイラク戦争を起こすに至り、北朝鮮のアメリカに対する警戒心は高まっていくこととなる。

日本においても、2001年4月に小泉政権が発足し、2002年9月の北朝鮮との最初の首脳会談を行うまでは共同歩調がとられていた。たしかに、それ以前にも小泉首相の靖国神社公式参拝、戦前の歴史を肯定する傾向の強い歴史教科書の検定通過などがあり、日韓関係は悪化しつつあったが、金大中自身が日本とのあいだにパートナーシップ共同宣言を発表した経緯もあり、一定のパイプは維持された。しかし、金大中大統領の退任や、拉致問題発覚による日本国内の世論悪化を受け、日韓の北朝鮮をめぐる政策協調にも秋風が吹くようになる。そうして太陽政策を取り巻く環境は次第に不確かなものへと変わっていった。

世代交代の胎動

躍進する朴槿恵

２０００年代初頭の南北関係が良好に推移したことはまちがいないが、そのなかで、本書の主人公の一人である朴槿恵も中央政界とのかかわりを深めていった。１９９８年に国会議員となった朴槿恵はハンナラ党のなかで7名いる副総裁の1人に選出されるなど政治家としての地位を築いた。また、金大中大統領の訪朝前には野党議員として同行したいとの意志を示しながらも、その申し出はハンナラ党からの許可が下りず立ち消えとなったこともあった。その後、朴槿恵は副総裁として党内改革を主張したものの、党中央からは受け入れられず２００２年2

月にハンナラ党を離党することとなる。同年5月には新党「韓国未来連合」を設立するのであるが、その準備期間中に、理事をしていた欧州コリア財団による北朝鮮児童への支援活動と関連して、朴槿恵を含めた同財団理事らが訪朝の招待を受けることとなった。

彼らは通常ルートである北京経由平壌行きの高麗航空（北朝鮮の航空会社）便を利用しようとしたが、金正日委員長が北京に特別機を送り、２００２年5月11日に約2年前降り立つことのできなかった順安空港に到着した。彼女が宿泊したのは、金大中大統領がかつて使用した迎賓館の同じ部屋だったという。特別機の使用をはじめとする厚遇を考えれば、韓国政治の動きを逐一監視していた北朝鮮当局からも朴槿恵がすでに相当な重要人物と見なされていたことが分かる。

到着翌日に朴槿恵らが金正日委員長と直接対話をした際には、彼の方から１９６８年の北朝鮮工作員による青瓦台襲撃事件についての謝罪があった。当時、大統領の娘として現地にいた朴槿恵にとって、その事件は感情的なシコリとなっていた部分であったが、その非を金正日自らが認めることで両者の対話は進んだ。特に、南北の鉄道を連結しシベリア鉄道へとつなぐ構想、スポーツ交流などを重点的に話したという。南北の鉄道を連結する構想については「南北共同宣言」でも触れられているが、約10年後、朴槿恵が大統領となった際に「ユーラシア・イニシアティブ」構想を発表し、釜山からヨーロッパへ鉄道がつながる目論見が示される。また、スポーツ交流にかんしても、前掲の釜山アジア大会前のことであり、その後の積極的な交流施策の後押しになったことは想像にかたくない。実りある会合を終え、朴槿恵は金正日の提案に従い、板門店経由で韓国に帰国した。

そうした機会が彼女に与えられたのは、やはり朴正煕の娘であったことにあるのは疑いない。かつての躍進する韓国の記憶、両親が国に携わったために亡くなった悲劇性、新進の女性政治家という印象。それらが相まって朴槿恵の存在感は次第に増していき、ハンナラ党の求めに応じて復党した1年半後の2004年3月23日、彼女はハンナラ党の代表に就任する。父親の遺志を伝え続けたいと願った朴槿恵は、政界入りからわずか6年で保守政党の党首の座に就き、その後も大統領への道を順調に歩んでいくこととなる。

人間万事塞翁が馬

金大中大統領は任期中、特にその前半においては経済の回復と南北首脳会談実現によって高い評価を得た。一方、その時期、盧武鉉はかつての金大中のような浮き沈みのある時期を過ごしていた。1996年の総選挙ではソウル市の鍾路区から出馬したものの、李明博に敗れた。その後、盧武鉉は1997年11月に一時期袂を分かっていた金大中の新政治国民会議との合流を決意する。与党政治家として副総裁の役職に就いた所、李明博に選挙違反疑惑がもち上がり、李は議員を辞職した。そこで行われた補欠選挙に勝利し、盧武鉉は再び国会議員としての地位を得る。首都圏の国会議員であり、与党の要職を兼務していたことは大変順調な道程ともいえ、大過がなければ政治家として安定した栄達が望まれる環境が盧武鉉には整っていた。

しかしながら、2000年4月13日に行われた総選挙で盧武鉉は韓国に根深い地域主義の改善を旗印に、かつて自分の名を冠する弁護士事務所を構えていた釜山市から出馬し、落選してしまう。釜山は前掲のように金泳三の地盤であり、そのライバルであった金大中（全羅道出身）とも近い盧武鉉は圧倒的に不利であった。加えて、金大中大統領の支持率も高かった頃であったため、リベラル層への支持が強いソウルの選挙区から続けて出馬すれば当選が予想されるところであった。ある意味、釜山での出馬は「負けると分かっていた戦い」だったのである。

盧武鉉の理想に燃える姿勢は、現実の前に儚くも散ったというのが一般的な見方であった。しかし、彼の旧弊を打破し、理想をとげようとする姿勢は若者を中心にネット上の勝手連的なファンクラブ「盧武鉉を愛する会」（ハングルの頭文字を取って「ノサモ」と呼ばれた）を誕生させる。そして、慶尚道への楔を打ちこみたいと考えた政府は2000年8月に盧武鉉を海洋水産部長官に任命する。結果的に、盧武鉉の無謀と思われた釜山での選挙は、選挙戦で通算2勝4敗の一人の理想主義者を次期大統領候補にまで押し上げることになる。そして、大統領選挙の際に釜山の選対本部長を務めたのが、もう一人の理想主義者で盟友の文在寅であった。しかし、文在寅は後年、盧武鉉の悲劇を思い「最初から自分が止めておけば」との思いを抱くことになる。将来を見通すことは不可能であるが、それは友人として自然な感情であろう。

金大中の躓き

2000年のノーベル平和賞を受賞するまでの金大中政権の歩みは、極めて良好なものであった。黄色信号の灯っていた韓国経済を立て直した成果は、初期の朴正煕政権の出だしを彷彿とさせた。実際に、外貨保有高は就任当初39億ドルだったが、退任の際には1200億ドルを超えるところまで回復させており、適正化された財閥の経営はその後の進捗を可能にした。たしかに、個人消費回復のためにクレジットカードを乱発し、自己破産者を増加させ、カード自体の信用を失わせたこともあったが、彼の治世はおおむね順調に推移していた。

恐らく、そうした状況のみで終わっていれば、大統領としての金大中の評価は朴正煕を凌ぐものがあったのかもしれない。しかし、米朝関係が後退し、金正日の訪韓や米朝首脳会談等の展開が困難になったことは、将来の統一を期待した韓国人にとって大きな失望となった。そして、金大中の3人の子どもそれぞれに汚職の嫌疑がかかり、次男と三男が拘束され、政権内でも当時政府が後押ししたベンチャー企業育成にからむ疑惑が噴出したことで、政権終盤に謝罪や追及に追われることとなり、彼は晩節を汚してしまった。特に、全斗煥、盧泰愚、金泳三と歴代大統領が家族がからむ汚職を経験した後で、彼らを批判しつつ寛容な姿勢も見せた金大中も同様の失敗を犯したことは、市民の大きな失望を招いた。

金大中が「こんな筈ではなかった」と苦悩に暮れていた2002年6月、韓国国内には高揚と怒りが渦巻くこととなる。まず、人びとを熱狂させたのがサッカー日韓ワールドカップであった。代表チームがベスト4まで勝ち進むうちに、人びとは試合の度に街にくり出した。ソウル市庁舎前ではパブリックビューイングが行われ、市民が声を合わせる「テーハミングクッ！（大韓民国）」の掛け声は世界中で知られるようになった。民主化闘争などでの大規模な人出はこれまでにもあったものの、喜びに湧く人の群はまったく異なる趣を見せた。

しかし、そうした熱狂が収まると、大会期間中の6月19日に起きた事件が次第に市民の注目を集めるようになる。ソウルにほど近い楊州郡《ヤンジュ》（現在は楊州市）で帰営中の在韓米軍の装甲車が自転車に乗った女子中学生2名を轢き殺す事故を起こしたのである。遺族は韓国検察による捜査を求めたものの、米軍は公務中の事故であり駐留米軍地位協定に基づき軍事裁判に処すことを決定し、11月末に装甲車の管制兵と運転兵に対し無罪の判決を言い渡した。そして、2人の軍人は早々に韓国を後にしたのである。

軍事裁判が行われる前から、韓国国内では犠牲になった少女を悼み、米軍への非難をこめて手にロウソクを掲げるデモが行われるようになっていた。その動きはインターネット等を通じて次第に大きくなり、12月14日にはソウルのアメリカ大使館前に5万人の市民が集まり、釜山でも大規模デモが行われるというように全国的なものになった。ここで重要なことは、12月19日に大統領選挙が控えていたということである。インターネットを軸に若年層から386世代に支持基盤を持ち、太陽政策の継続と反米姿勢を打ち出した盧武鉉と、保守層の支持を固め、太陽政策の転換と親米姿勢を明確にしていた李会昌との選挙戦は終盤までもつれることとなる。

特に、選挙前日に盧武鉉との選挙協力を約束していた、ワールドカップ日韓共催の立役者であり、鄭周永の六男の鄭夢準《チョン・モンジュン》が支持を撤回したことは、盧武鉉陣営にとって痛手となると思われた。しかし、旗色が悪いなかでも行動する盧武鉉を支持してきた人びとは一層団結して、最終盤まで選挙活動に邁進した。そうした後押しもあり、盧武鉉は57万票の差（盧武鉉・1201万4277票、李会昌・1144万3297票）で勝利を得て、金大中の路線はデモとともに継続されることとなった。ここに日本の植民地統治時代を知らない大統領が生まれ、金泳三、金大中という民主化を主導した二大巨頭も政界を去ったことで韓国政治は新たな局面を迎える。

盧武鉉政権の苦悩

原則主義と現実

盧武鉉大統領は自らの政権を「参与政府」と名づけ、国民が政治に参与していく姿を理想とした。そして、世論の動向を把握し、各種法律面の補佐を行う大統領室内の役職「民情首席」には、文在寅が任命された。これまで政治に関与することを避けてきた文在寅であったが、大統領当選に地元の選対委員長として関与した以上、盟友である盧武鉉大統領からの依頼を断ることはできなかったのである。

金大中から盧武鉉へと権力が移譲される最中の２００３年１月10日、北朝鮮は核拡散防止条約（NPT）からの脱退を表明した。これは２００６年10月の初めての核実験につながっていくのであるが、ある意味で盧武鉉政権の苦しい船出を予感させる出来事であった。

そして、盧武鉉大統領は就任直後の３月15日、国会で多数を占めていたハンナラ党が成立させた「対北送金事件特別法案」を大統領の拒否権を使うことなく公布した。これは金大中政権時に北朝鮮に対して１億ドルの非公式支援を現代財閥を通じて行ったことに対する捜査を進めるためのものであった。金大中は非公式の行為ながら、その成果（韓国にとっての見返り）は十分に確保されているとの立場をとっていた。

一方、文在寅が法律問題を主に担当していた盧武鉉政権としては、送金問題を高度な統治行為とすることは大統領の権威主義を助長すると捉えており、穏便に処理するためには、当時金大中自身が判断を下したとの言及が必要との立場をとっていた。しかし、金大中はその件に関しては事前の報告がなく、自らの指示であることを否定したため、発足間もない盧武鉉政権はハンナラ党からの追及を避けるため、国会が求める特別検事制度による捜査を認めることとなる。その結果、鄭周永の後を継ぎ現代財閥の北朝鮮対応を取り仕切っていた鄭《チョン》・夢憲《モンホン》が、政府からの秘密支援を仲介したとの疑いから捜査を受け、2003年8月4日に自殺するという悲劇を生んでしまう。

そうした姿勢のちがいは理想のために現実的な道を取りつつ結果的に理想に近づいていく金大中のアプローチと、ひたすら理想を追求する盧武鉉のアプローチの差でもあった。後になって状況を俯瞰すれば、そうした認識をもつことができるが、当時は新千年民主党（新政治国民会議の後継政党）内において、金大中に近い東橋洞系と盧武鉉に近い議員らの対立を生むこととなった。結果的に盧武鉉政権は早々に内外に課題を抱えざるを得ず、支持率も早期に低迷する。

そうしてスタートした盧武鉉政権は発足から7か月が過ぎると、与党内の対立が一層先鋭化し、新千年民主党から大統領である盧武鉉が離党してしまう。そして、2003年11月には盧武鉉支持派によって「開かれたウリ党」（ウリは「我々」を意味する韓国語）が結党される。元々、大統領制を敷く韓国では珍しくはないが、当時、千年民主党は野党のハンナラ党よりも議席数の少ない少数与党であり、その政党自体が分裂したことで、「開かれたウリ党」は国会内で2

割にも満たない議席（49議席）しか有さない極めて不確かな立場に置かれてしまった。この状況は国会の混乱を生み、与党が劣勢に立たされる場面が目立っていく。

そうした国会での政闘や慣れない政府内の仕事、総選挙への出馬の期待、自らの信念と異なる現状への悩みや高血圧等の体調問題も抱えたとして、文在寅は就任1年弱の2004年2月12日に大統領府を去ることになる。民情首席を辞任するに当たり、文在寅は「絶えず続く根拠がない暴露と疑惑提起、非常事態のような毎日の緊張、対応方法もない無力さのために疲れ果てた」との文章を公開し、当時噂されていた釜山の選挙区からの出馬も明確に否定した。また、盧武鉉はいわゆる仕事中毒型の人間であり、政権関係者でも彼に近い（地位の高い）者ほど多くの負担を課され、歯が抜けるほどの疲労を抱えることも珍しくはなかった。とはいえ、そうした資質はすでに仕事上のつきあいが20年を超えていた文在寅にとってみれば当然のことでもあり、やはり最も大きな問題は政治の世界が合わないと感じたことであろう。「生来の原則主義者」との評価を受ける文在寅にとって、政治の水が合わないと思えば政局において重要な地位に就いていても、それを投げ打ち弁護士業に戻ろうと考えたのは自然なことであり、彼をよく知る盧武鉉もその決定を受け入れた。

一方、政権内で盟友を失った盧武鉉は、韓国史上初の弾劾訴追を受けることとなる。ハンナラ党と新千年民主党は、盧大統領が国民に対して「開かれたウリ党」への支持を訴えたことは大統領の選挙中立義務を損なうものであると主張し、その他、軽微な選挙法違反や部下の不正等も指摘した。結局、弾劾訴追案は3月12日に国会を通過し、盧武鉉大統領の権限は停止されることとなったのである。

そのニュースは、当時、休養を兼ねて趣味のトレッキングのためネパールのカトマンズにいた文在寅の元にも届いた。しかし、当時はインターネットや国際的に使える携帯電話などの連絡手段が手元に無く、彼は現地で入手した英字新聞を読んで状況を知ったという。状況を知った彼は韓国にとって返し、憲法裁判所で行われる弾劾裁判における盧武鉉大統領の弁護団の幹事役と陣営のスポークスマンを務めることとなる。民情首席を退任してからわずか1か月であったが、文在寅は政治的駆け引きの中心地に再び身を置くこととなった。その行動を見ても、彼の盧武鉉への思いの深さが分かる。また盧武鉉も文在寅に全幅の信頼を置き、法的問題のすべてを任せていた。

一方、先に述べたようにハンナラ党と新千年民主党の弾劾訴追理由は一国の大統領を罷免させるほどのものではなく、あくまで大統領就任から続く政治的な対立が中心にあった。そのため、市民に弾劾はまったく支持されることなく、後述する朴槿恵大統領のときとは異なり、大統領を支持し、弾劾を行った政党に対するロウソクデモが行われる状況があった。そのデモには文在寅も参加していたが、その経験を通じて自伝『文在寅の運命』（邦題：『運命 文在寅自伝』）

のなかで憲法や民主主義について語った部分が興味深い。

「憲法とは何か。市民と遠く離れた高所にあるものではない。国民がもっている民主主義に対する一番普遍的で、素朴な希望、それを象徴的に表象化したものが憲法なのである。結局、憲法に対する解釈も一般国民の民主主義意識と法意識から発しなければならない。そして、それが憲法に反映されなければならない。そうであるとするならば、路上にくり出したこのたくさんの市民の弾劾反対を訴えるロウソクデモが、すでに弾劾裁判が向かうべき方向を示しているのではないか」（翻訳筆者）

文在寅の主張に合わせるかのように「開かれたウリ党」は支持を集め、2004年4月15日に行われた第17代総選挙（かつて文在寅が出馬を期待されていた選挙）では国会の過半数となる152議席を獲得するに至った。これはデモにも増して弾劾への不支持を具体的に表示したものであり、憲法裁判所は弾劾訴追案に対して5月14日に棄却を決定した。そして、職務に復帰した盧武鉉大統領は、盟友の文在寅を再び自らの側近とし、新設した「市民社会主席」の役職を任せることになる。文在寅も今度はその要請を断ることはなかった。

選挙の女王

選挙で大勝した盧武鉉大統領ではあったが、評価が急上昇したわけではなかった。先の選挙で得た票数は「開かれたウリ党」への支持というよりも、ハンナラ党と新千年民主党への批判票の意味あいが強く、与党への支持は低迷したのである。そうしたなかで、地盤を再度固めていったのがハンナラ党であり、その旗頭となったのが盧武鉉大統領の弾劾が行われた最中の3月23日に党首となった朴槿恵であった。直後の選挙（前掲の第17代総選挙）でハンナラ党は121議席を取り、第2党に止まったものの、朴槿恵の党首就任前には2002年の大統領選挙での大企業からの大量の資金援助が問題視され、腐敗政党と見なされる状況が続いていた。そうした状況もあって、メディアから同党の獲得議席は50議席程度と予想されていたのである。そこに朴正煕元大統領あるいは陸英修大統領夫人の悲劇を伴う記憶を想起させる朴槿恵が登場したことで、「開かれたウリ党」には届かなかったものの当初の予想を覆す結果を見せた。そして、その後の予備選などで連勝を続けたことで、朴槿恵には「選挙に強い政治家」というイメージが定着することとなる。

保守政党であるハンナラ党がもち直したことで、盧武鉉が考えるリベラル路線の政治も停滞を余儀なくされる。2004年秋には、かつて金大中に対する1980年の死刑宣告の根拠ともなった国家保安法の撤廃を目指すと発言したものの、保守層を中心とした反対に押され、同法は存続することとなった（日本の最高裁判所に当たる大法院、あるいは憲法裁判所も同法の存続や必要性を認めた）。それに代表されるように、盧武鉉大統領が政権発足当初に描いていた進歩的といえる政策はほとんど実現されなかった。

盧武鉉政権は次第に支持率が低下し、自らも2000年の選挙で身を削るようにして改善を願った地域主義の改善も進まない状況を打破すべく、2005年に慶尚道を地盤とするハンナラ党と首都圏や全羅道を支持基盤とする「開かれたウリ党」との連立を模索するようになる。盧武鉉としては、特定地域において特定政党や候補者が9割近い支持を得る状況を是正するための制度改革を模索するなかで、連立という構想が出たに過ぎなかった。実際、文在寅を含めた側近らとの会合においても連立にかんしては検討を促した程度であったが、事前に構想がメディアに漏れたために後に引けなくなった状況があった。また、連立は政治的妥協と見られ、彼本来の構想や意思は国民にほとんど伝わることはなかったのである。

そうした経緯はあったものの、ここに盧武鉉大統領と朴槿恵党首の最初にして最後の接点が生まれる。同年9月7日、両者の会談が行われたものの、共通する政治上の目的も無かったことから連立の構想は進展せず、物別れに終わった。両者の支持層からも連立は望まれておらず、結果的に盧武鉉の求心力を一層下げることとなった。かつて金泳三が1990年に盧泰愚の民主正義党、金鍾泌の新民主共和党との合同を行った際にはそれに与さず野党の立場をとり、1995年に金大中が政治活動を再開したときにも、多くの革新政治家がそれに合流するなかで統合民主党での活動を選択するといった強情ともいえる姿勢を盧武鉉はとっていた。しかし、ハンナラ党との連立を模索するという選択は、彼の信念に惹かれた支持層からの離反も招いた。たしかに、地域主義の改善も彼の長年の政治主張の一つではあったが、盧武鉉大統領がもつ「負けると分かっている戦いに挑んでいく」というドン・キホーテ的な姿勢は、現職の大統領としては青臭過ぎたのかもしれない。彼には金大中がもっていた「現実的な利害を調整するなかで理想とする方向にもっていく」といった政治的な腹芸のような〝狡猾さ〟は無く、盧武鉉は次第に追い詰められていった。

国内的な盧武鉉大統領に対する支持が低下するなか、予想外の部分からも状況は悪化してしまう。2006年5月31日に韓国では統一地方選挙が行われたのであるが、その10日前、ハンナラ党党首としてソウル市長選への応援演説に立った朴槿恵へ暴漢がカッターナイフで斬りつけ、彼女は右頬に60針を縫う怪我を負った。外傷は大きく、即座に手術が行われたが、手術を終えた朴槿恵が即座に選挙情勢を尋ねたことが知らされると彼女およびハンナラ党への支持は急上昇した。かつての朴正熙時代を知る者にとって、そうした言動は父親を亡くした際に北朝鮮からの侵攻を第一に心配した朴槿恵の責任感や愛国心を想起させた。結果的にハンナラ党は大勝し、朴槿恵は「人生を通じた悲劇性」や「選挙での強さ」を印象づけて翌月に任期を終えて党首を離任する。一方、事件の犯人には政治的な意図も少なく、リベラル陣営とは関係はなかったが、結果的に「開かれたウリ党」や民主党は大きく議席を失うこととなり、かつて盧武鉉に対する弾劾訴追を選挙での圧勝によって覆した姿は霧散していた。

リベラル政権の終焉

外交面についても、盧武鉉政権は目立った成果をあげることはできなかった。金大中政権より太陽政策を受け継いだものの、先述のようにアメリカの政権交代により北朝鮮は態度を硬化させてしまい、2003年のイラク戦争、およびその後のフセイン大統領の逮捕（後に死刑）を受けて不信感は頂点に達し、六か国協議の枠組みはあったものの、核のカードを切りつづける状況を止めることはできなかった。2006年10月9日には、ソウルで安倍晋三首相とのあいだで日韓首脳会談が行われている最中、北朝鮮は最初の核実験を行うに至ってしまう。

盧武鉉大統領の任期期間中に行われた六か国協議で十分な成果がでないこともあり、各国は次第に北朝鮮との対話の機会を設けなくなり、経済制裁を主軸に置くようになる。しかし、六か国協議の場においては、北朝鮮の主張を国際的に周知することができた。特に、北朝鮮が1990年前半の核危機同様に、核開発と引き換えに①軽水炉の設置、②重油支援の再開、③不可侵条約を含む米朝関係の正常化を求めていたことは、改めて認識すべき点であろう。その後、対話が完全に途絶え、互いが非難の応酬に終始する中で、事態の構造を容易に理解できる機会が設けられなかったことが、10年後の北朝鮮と核をめぐる混沌を生んだ。

北朝鮮が緊張を高めた最中、盧武鉉大統領が最も信頼を寄せていた文在寅は２００６年５月に民情首席を辞任している。その後は地方選の支援や大統領の特別補佐官を務めていたものの、それらは閑職であり、文が政治の現場から距離を置きたがっていたことは自他ともに認める強い意思であった。しかし、政権の終焉が近づき、支持率も上がらないなかで、盧大統領が必要としたのは、やはり盟友・文在寅であった。２００７年３月に彼は青瓦台秘書室長に任命される。当時、盧武鉉政権が目指していたのは、金大中大統領が行ってから中断が続いていた南北首脳会談の開催であり、２００７年10月２日に平壌に出向いた際に国内の留守を任されたのは文在寅であった。

本来であれば、盧武鉉は国内の憂いを無くし、華々しい成果を挙げたいと考えていたはずである。実際、盧大統領は板門店に設定された軍事境界線を跨ぎ、北朝鮮を訪問したのであるが、それは開城工業団地開発をはじめとする両国の関係が前進した状況を示していた。しかし、会談を行ったのが政権末期で合意内容の継続が不安視されたこともあって、会談による具体的な進展はなかった。

そうした状況を生んだことの一つが韓米関係であった。就任直前の米軍兵士による女子中学生轢死事件が選挙に影響したように盧武鉉大統領は当初、アメリカに対して独立独歩の姿勢をとることを目指していた。しかしながら、一国の大統領として判断した場合、ソウルの中心部に米軍基地があり、60年以上にわたって韓国に米軍が駐留している状況で韓米の足並みを乱すことは困難であった。盧武鉉政権は次第にアメリカに譲歩し、イラク戦争にも派兵する等、当初の想定とは異なる対応を見せた。

その他、金大中政権期における金融危機対策を継続したものの、経済格差が解消できないなど、リベラルで社会的弱者に寄りそおうとした盧武鉉自身も、支持者も期待していた成果は出せずに終わった。現在、韓国においては盧武鉉政権期の経済成長の度合いは、その後の李明博政権期や朴槿恵政権期と比べても良好だったことなどから、盧武鉉への再評価の動きもあるが、盧武鉉政権の末期は正に「レームダック（死に体）」といった状況であり、彼は失意のなかで政権を降りざるを得なかった。それは同時にリベラル政権への失望も内包した評価となり、政権はハンナラ党選出で、かつて財閥企業（現代建設）の社長を務めた李明博[1]に移ることとなる。

（1）李明博（1941〜）大阪府生まれ。苦学して高麗大学に入学。3年次には学生会長に就任し、日韓基本条約締結に反対するデモを主導し、逮捕。その後現代建設に入社し、36歳の若さで社長に就任したことで大きな話題となる。1992年には同社を退社し、国会議員当選。2002年にソウル市長に就任し、環境に配慮したインフラ整備で名声を確立した。2007年の大統領選挙にハンナラ党より出馬し、当選。

盟友の自殺と文在寅の決意

矜持の崩壊

2008年2月に李明博政権が発足した際には、支持率も高く順調に施政を行っていくと考えられていたものの、4月に訪米しブッシュ大統領との首脳会談を行う前に、韓米FTA交渉のアメリカ側の条件であった牛肉の市場開放が合意された。それは従来あった月齢制限を無くすもので、BSE（狂牛病）の危険が高まるとの懸念を市民に生じさせた。特に韓国ではBSEの原因となる牛の脊髄、腸などの部位も食す傾向があるために市民の警戒感は強く、大規模なロウソクデモも発生した。それは夏まで断続的に行われ、そのなかで次第に「李明博政権退陣」を迫る集団も増えるなか、8月に盧武鉉はノサモの集会の場で自らの大統領としての経験を踏まえつつ「批判は必要であるが、退陣要求は憲政に合致せず、民主主義の秩序維持にとっても望ましくない」と自重を訴えた。

当時、野党側は政権に圧力をかけるべくデモに好意的であり、急進的なリベラル層に強固な支持者を抱える盧武鉉が彼らを諫めた言動は意外性をもって受けとめられた。まして盧武鉉は李明博大統領から法的に許容されない統治資料を所持したまま下野したと返還を要求され、家宅捜索まで受けた状況であった。文在寅によれば、政権末期の盧武鉉は行政資料を次の政権が活用できる国民の資産と考えており、その整理に非常にこだわりをもち、文在寅をはじめ政権中枢にいた者は相当な負担を強いられたという。法律上、在任時の記録は大統領記録館に移管しなければならず、退任した大統領は在任中の記録を閲覧できないとされていた。従来の政権では在任時の記録をそのままもち帰る為政者が少なくなかったため、自ら関連法を整備した盧武鉉政権下では原本を大統領記録館に移し、私的な確認のため複製本をもち帰ることとしたのである。本来であれば、そうした思いや経緯を主張して国民の理解を得るべきところであったが、大統領時代の苦悩をふり返り、盧武鉉は政府の求めに応じ、攻撃を加えることはなかった。現在その職にある李明博に対して盧武鉉が配慮した面があったといえよう。

盧武鉉は退任後、故郷の烽下《ボンハ》村に戻り、支持者とのインターネット上での対話や集会、文筆業などを行いつつ余生を過ごそうと考えていた。文在寅も青瓦台時代の疲労もあってか、すぐに弁護士業には復帰せず、釜山近郊の梁山《ヤンサン》市にアトリエを購入し、妻や動物たちと農業をしながら穏やかな日々を過ごした。ある意味、盧武鉉と文在寅は、退任後も同じような感慨を抱えていたといえる。しかし、一心同体のように動いてきた彼らは、結局その最後まで行動を共にしなければならなかった。

2008年秋以降、盧武鉉は側近、支援者、実の兄などに収賄疑惑がかけられ、実刑判決を受ける者も現れ、疑惑が自分の妻、息子にもおよぶに至って、公式に謝罪するばかりでなく、自らも検察の尋問を受けざるを得なかった。そうした捜査を受ける盧武鉉の後ろには、弁護士としての文在寅の姿があった。文は盧武鉉を守るため、再び休息の日々を切りあげ必死の弁護を続けた。しかし、そうした家族や親友の姿は盧武鉉に自らのアイデンティティが崩壊していく感覚をもたせたのかもしれない。盧武鉉は１９８０年代初めに租税関連の裕福な弁護士から人権弁護士へと転向して以来、道徳性の高さを自らの拠り所としてきた。落選を続けた時期の彼を世論が引きあげていったのも、その清廉で真っ正直な印象ゆえのことであった。そうした認識もあり、当時、マスメディアには「裏切り」「騙された」「偽善」などの言葉が躍り、彼の政治家としての屋台骨は脆くも崩れたのである。

２００９年4月22日に盧武鉉は退任後に開設したサイト「人が生きる世界」を閉じているが、最後に自ら「これ以上、盧武鉉は皆さんが追求する価値の象徴となることができません。私はすでに民主主義、進歩、正義、こういう話をする資格を失ってしまいました。私はすでに抜け出すことのできない泥沼にはまっています。皆さんはこの泥沼に共に陥ってはなりません。皆さんは私を捨てなければならないのです」と記した。1年半ほど前には、彼が国の最高権力者であったことを思うと、この文章を書かざるを得なかった苦悩の深さが伺える。歴代大統領の醜聞に比べれば、最も〝慎ましい〟疑惑であったが、彼には自分が許せなかったのであろう。この1か月後の5月23日、彼は自宅の裏にある山から自ら身を投げてしまう。

受け継がれるバトン

前大統領の自殺という衝撃的な事態を受けて、韓国中が打ちひしがれた気分に包まれるなか、7日間にわたる国民葬を葬儀委員長として取りしきったのは文在寅であった。盧武鉉の死については、その原因に周辺の収賄疑惑があったものの、李明博政権による前政権への報復(それに伴う自らの支持率の向上)の動きがあったと見る向きも強く、特に盧武鉉の支持者にその傾向があったため、文在寅は葬儀において事前の調整に神経を使わざるを得なかった。実際、自殺の翌日に焼香所が設けられた烽下村へ朴槿恵が訪れた際に、彼女は文在寅に電話を入れ、弔問が可能かの確認を行っている。文在寅は「きちんと迎えられる状況ではない」と伝え、朴槿恵はソウルに設けられた焼香所に向かった。

また葬儀委員会として、彼は弔辞を金大中に依頼していた。しかし、その弔辞に対して李明博政府から「複数の前職大統領が参列するなかで、金大中だけが弔辞を読むこととなれば、公平性に問題が生じる」として告別式に出席する前に止められることとなった。その他にも、李明博大統領からの献花が破棄されるなど、さまざまな混乱が起きるなかで文在寅は葬儀をつつがなく行い、韓国国内は盧武鉉のシンボルカラーである黄色に包まれた。そして、親友の死に打ちひしがれながら、葬儀委員長を務めた文の姿は韓国人の胸に強く刻まれることにもなったのである。

その後、刊行された金大中の自伝には読まれることのなかった弔辞が掲載されている。そこでは「私は盧大統領の生前、民主主義が再び危機に瀕している状況を見て、いずれここは、私たち二人が乗り出さなければならないときが間もなく訪れる」と追悼の思いを語っていた。そして、5月29日に行われた告別式に金大中は参列だけはしたものの、当日の日差しは大統領退任後、しばしば体調を崩していた85歳の体に大きな負担となったのか、盧武鉉自死の記憶も新しい同年8月18日、彼は波乱の生涯を閉じる。

文在寅は金大中を告別式に招いたことが心身の負担になったと悔いているが、金大中は死の間際まで韓国の民主主義につくした。それは、文在寅に自らの思いを託したことである。盧武鉉の告別式から2週間ほどが経過した6月16日、文在寅ら盧武鉉政権の幹部が金大中が告別式に参加してくれたことに感謝する席を設けた際、金大中は自らが築いてきた民主化の流れが危ういとし、「民主主義、経済、南北関係の3つの危機から脱して必ず政権交代をしなければならない。民主党の力だけでむずかしいため、民主勢力を統合してそれを目指して欲しい」と述べたという。文在寅はその言葉が、政治家への道を志した要因となったと話している。

その後、文在寅は1年ほど喪に服し、弁護士業務と並行して、盧武鉉財団常任理事を務めたのであるが、2012年4月の第19代総選挙への出馬を決める。かつて政治家への誘いを再三断り、親友である盧武鉉に依頼された大統領府の仕事に就くことですら逡巡した文在寅であったが、彼は政治家への道を歩み出した。そんな彼の願いは単なる一国会議員になることではなかった。彼には盧武鉉の思いを継ぐ必要があり、そのために目指すのは大統領につながる権力への道であった。原則主義者として知られる盧武鉉が舌を巻くほどの生粋の原則主義者である文在寅は、この時期を契機に大きく変貌する。彼のなかには「理想」と「権力」という矛盾しがちな命題が存在した。まして、当時すでに50代後半であった文在寅にとって若手政治家のような落選などの遠回りは無駄でしかなかった。そこで、文在寅はかつての金大中同様に現実を組みこみつつ、理想を実現する道を邁進することとなる。

大統領に向けて動く朴槿恵

政治家になって以来、その知名度と一本気で真摯な姿勢から、朴槿恵は「選挙に強い政治家」として認知されるようになる。2002年の大統領選挙で泡沫候補から一気に大統領に駆け上がった盧武鉉に自党候補が敗れた経験を踏まえ、ハンナラ党内では次回の大統領選挙においては確実に得票が予想される候補者を立てなければならないとの意識が強かった。そこで、選挙で結果を残してきた朴槿恵と、ソウル市長として都市開発の実績もある元企業家の李明博が党内の予備選を戦うこととなった。2007年8月に行われた予備選では5人の候補者が居たものの、実際は二人の戦いであり、得票率で李明博が49・6%、朴槿恵が48・1%との結果により李明博がハンナラ党の大統領候補者となった。しかし、党内における両者の差は極めて小さいものであり、中道右派の李明博と旧来右派の朴槿恵の支持者同士の対立は続くこととなった。実際に、2008年4月9日に行われた総選挙に際しては、ハンナラ党から「親朴連帯」「親朴無所属連帯」という朴槿恵の名前を冠した政党が作られ分裂するほどの反発を生んだ。それらの政党には朴槿恵は参加せず、ハンナラ党所属のままであり、両政党員ともに後に復党することとなるが、分裂した2党がそれぞれ議席を得たことは(「親朴連帯」が14議席、「親朴無所属連帯」が12議席)、彼女の影響力を改めて示すこととなった。

前述の通り、朴槿恵が政治家を志したときの出発点は、父親である朴正熙の遺業が崩れていく危機感であり、支持者にとっても彼女はあくまで「大統領の娘」であった。換言すれば、文在寅同様、彼女もまた大統領になることで、政治家を志したときの希望が叶えられると感じていた。そうした段階に彼女が迫っていたことを示す代表的な状況の一つが、2009年夏に体調を崩した金大中を見舞った件である。当時、誰が金大中を見舞うかは国民の関心事の一つであり、長年対立を続けていた金泳三の訪問と和解の話題は大手紙に社説として取り上げられるほどであった。そして、ハンナラ党の関係者として、李明博大統領と朴槿恵の訪問が報じられたのである。現職の大統領として李明博が元大統領を見舞うことは不自然ではないが、ほとんど接点のない朴槿恵が金大中を見舞うということは、彼女がそれだけ国を代表する政治家と見なされていた証左であった。

また、2010年12月27日には朴槿恵は従来から助言を受けていた大学教授などを中心として、ハンナラ党の政策を策定するシンクタンク「国家未来研究院」を設立する。それが大統領就任を目指したプロセスであることは衆目の一致するところであった。また、そうした動向はかつて金大中が大統領就任前にシンクタンク「金大中アジア太平洋平和財団」を設立し、南北統一の方針を示し、2000年の南北首脳会談につなげたことも想起させた。

韓国は盧武鉉退任で、1987年の民主化から10年間の保守政権、10年間のリベラル政権という二つの期間を経験した。多少の停滞はありつつも、経済や外交は一定の成果を出し、経済的には先進国と見なされるようになった。

そうした経緯のなかで、朴槿恵は韓国の保守の礎を築いた朴正熙の後継者としての立場を金大中政権期および盧武鉉政権期に築いていった。財閥企業に見られるように世襲によって朴槿恵の政治家としての立ち位置が形成されていったことは、正に韓国の〝伝統〟を継承したともいえる。一方で、リベラル系の金大中の後継者である文在寅は人生経験や思想的側面から、その立場を得た。そして、金大中のような現実主義的なアプローチも取り入れながら、政治家としての立場を急速に築いていく。ある意味で、朴正熙と金大中の対立構造は、朴槿恵と文在寅に引き継がれていくこととなったのである。その両者が大統領選挙の場で争うまで、あと2年の月日を経なければならない

第6章　保守・リベラル、次世代の対立

文在寅の初めての大統領選挙

浮上する期待

2010年代初頭、文在寅は国民、なかでも民主化を主導したリベラル層の期待を背負っていた。一方、当時の李明博政権は世界中に吹き荒れたリーマンショックの衝撃に対して、韓国の資産でもある財閥企業を主力として乗りきった。それは同時に、財閥企業とその他の企業とのあいだの格差を一層広げ、成功の枠から外れた人びとの不満が鬱屈する状況を生んでしまったのである。また、李明博政権の報復とも取れる厳しい捜査により自ら命を絶った盧武鉉の印象は、政権批判が高まるほどによいものとなっていた。そうした思いは盧武鉉の盟友であり、一層清廉な印象があった文在寅に向けられるという構造があった。

そうしたなか、戦前から続く雑誌『新東亜』が2011年8月に発表したアンケート結果では、「国民が望む国会議員」部門で文在寅が1位を獲得しており、彼が政界に打って出る機運は高まっていた。しかし、当時58歳になっていた文在寅の目的は盧武鉉の遺志を継ぐこと、そして金大中から託されたリベラル勢力の再結集と政権奪回であった。当時の韓国では民主党が最大野党であったものの、市民団体や一部の有力政治家、労働組合がそれぞれ別の支持政党を擁していた。換言すれば、国民の李明博政権に対する支持は低下していたものの、その十分な受け皿となる強力な野党が存在していなかったのである。そこで、文在寅らは2011年9月に院外政党「革新と統合」を立ち上げる。彼らが目指したのは、「野党勢力の結集」そして「金大中・盧武鉉政権時代に足掛かりをつかんだにもかかわらず悪化の一途をたどっていた南北関係の再構築」であった。彼らの意見は大きな流れとなり、同年12月には「民主統合党」が結成される。市民の期待を背景に、野党勢力の統合を成功に導いたことで、文在寅の名声は高まり、翌年の大統領選挙ではダークホースとの見方から、野党勢力の最有力候補へと立場を変えていくことになる。

そして、ついに文在寅は2012年4月の第19代総選挙では釜山市の選挙区から出馬し、国会議員となる。盧武鉉が政治家となって以来、20年以上にわたって政治家になることを固辞し続けてきた文在寅はリベラル層の「期待の星」として還暦手前で（韓国で一般的な数え年では60歳で）政界デビューを果たす。しかし、大統領選挙はもう8か月後に迫っていた。

好敵手・安哲秀

ここで新たな人物を紹介しなければならない。先に挙げたアンケートでは、「国民が望む国会議員」で文在寅が21％でトップであったが、僅差の20・7％で2位につけていたのがＩＴ企業家で大学教授でもある安哲秀《アンチョルス》であった。元々、医師であった安は、１９８８年に仕事のかたわらアンチウイルスソフト「Ｖ３」を開発する。そのソフトは韓国人個人に対しては無償で配布され、法人に対して課金するというシステムをとり、国内で広く定着した。そして、安が起業したコンピューター・セキュリティ企業「アンラボ」は高い知名度と信頼性を背景に、韓国のトップメーカーとなった。また、１９９７年にはアメリカのウイルスソフト会社「マカフィー」が韓国市場に進出するため、アンラボを１０００万ドルで買収しようと試みたが、安は自国のマーケットを守るという意図の下、それを拒否した。この話は韓国の小・中・高の国語、社会、道徳の教科書にも記載されたことで、若年層に彼の支持者を生む要因ともなった。加えて、若者に夢と希望を与えることを目的とした講演「青春コンサート」も無料で行っていた。その名称の由来は、音楽のコンサートのような高揚感をもって夢を語る空間を作ろうとすることにある。そこで語られるのは、安の成功体験であった。自らの才覚でＩＴ企業を起こし、健全な経営の下で同社を一流企業に育て上げながら、社会貢献を重視する安は、格差に絶望を感じていた若者にとって期待すべき政治家と映ったのである。

大統領選挙を間近に控えた2012年の夏、若者層や高学歴層から強い支持を受ける安哲秀と、盧武鉉政権を支えた386世代（当時、40～50代）の支持を受ける文在寅が、朴槿恵の対抗馬と見られていた。同時期に大統領選挙出馬を表明した両者は、その後もライバルとして政治活動を続けていく。

文在寅が出馬した4月の総選挙で野党勢力は躍進を狙ったものの、その効果は十分に現れなかった。なぜなら、当時の与党であるセヌリ党（2012年2月にハンナラ党から改名）には「選挙の女王」と呼ばれた朴槿恵が党勢立て直しのために実質的な党首（肩書は非常対策委員会委員長）として指揮をとっていたからである。世代交代と党内改革を前面に押し出して総選挙で単独過半数を得たこと、そして2007年の党内における予備選で李明博と接戦を演じた結果も相まって、朴槿恵はハンナラ党選出の大統領候補としての足場を確実なものとした。その結果、2012年夏以降、朴槿恵、文在寅、安哲秀の三者は12月の大統領選挙に向けて、激しい選挙戦を展開していくこととなる。

世代間対立

選挙戦では当初、朴槿恵が先行し、それを安哲秀が追い、少し遅れて文在寅が続く状況があった。朴槿恵の支持層の中心は父親である朴正煕の時代を知る60代以上であり、朝鮮戦争、高度経済成長、国民の敬愛を集めた両親の悲劇などの印象が先行していた。また、前掲のように安の主な支持層は若者世代であり、文の支持層は40〜50代であることを踏まえれば、この選挙戦は世代間対立が裏のテーマであった。特に、安の支持層はマスメディアの現場記者の主力と重なっており、好意的な報道も多く、好印象をもたれていた。しかしながら、彼は国会議員ではなく、所属する政党もなかったことから、選挙戦を進める上でハンナラ党の朴槿恵、民主統合党の文在寅に比べ、組織力に大きな問題を抱えていた。

また、保守層の支持が集まる候補者が先行し、リベラル系の有力候補者が競合して票が分散してしまい、全体の支持が過半数を超えない候補が勝利を収めるという構図は1987年の大統領選挙で、民主化という成果を挙げながら金大中と金泳三が票を奪いあい、軍人出身の盧泰愚が勝利した構図を想起させた。その苦い記憶と反省は韓国の民主化を経験した人であれば、共通してもっているものであり、文在寅と安哲秀は厳しい決断を迫られた。

11月初め、両者は候補者の届出日である同月26日までに候補者を一本化する旨の会見を行った。しかし、一本化するための方法をめぐり両者は対立を深めることになり、融和的な合意を経て、一方の支持者をそのまま取りこむという理想的な一本化とはならなかった。また、民主統合党との交渉のなかで、安は旧来の政党政治に対する反発を強めたものの、組織化されていない自らの支持基盤の脆さを実感せざるを得なかった。その上、公開討論の際に弁護士出身の文在寅に比べて安の議論の展開が単調だったこともあり、安の支持は下降傾向となった。結局、安は大統領選挙から身を引くことを表明し、候補者は文に一本化された。

しかし、候補を統一する過程での安哲秀の苦境を見ていた彼の支持者は、文在寅や民主統合党への反発を強めてしまい、リベラル層を結集するには至らなかった。一方、若年層の票が宙に浮いたことを見て、朴槿恵陣営は韓国初の女性大統領誕生という面を強調するようになる。それにより文在寅と朴槿恵の支持率は候補者統一前よりも開くこととなり、候補者一本化当初は大統領選から距離をとった安が急遽積極的に文の応援に乗り出さなければならなくなった。そうして両者の支持率は選挙直前に拮抗するようになったものの、そのとき、新たな事態が大統領選挙を直撃する。選挙を1週間後に控えた12月12日、約1年前に金正日総書記の死去に伴い最高権力者となった金正恩率いる北朝鮮が人工衛星を軌道に乗せるロケット（日本の首相官邸などは「『人工衛星』と称するミサイル」と表現）を発射したのである。それは１９８７年の大統領選挙前日に金賢姫が韓国に護送されたのと似た効果を演出した。選挙間際になると北朝鮮問題が湧き上がり、保守陣営を後押しすることを韓国では「北風」と呼んでいるが、２０１２年にかんしては自らへの逆風となる行動を北朝鮮側が起こすという皮肉な状況があった。

北朝鮮の行動は金正日から金正恩への恙《つつが》ない政権移譲の明示、武器輸出促進、ミサイル技術の誇示などの効果を狙ったものとされ、金正恩としては敢えて自分の敵対勢力を後押しする意識もなかったであろう。そして、そうした行為は大統領選挙に大きな影響は無いとされていたが、その後の韓国の5年間の方針を大統領選が確定するものであることを考えれば、北朝鮮に比較的強硬姿勢をとる朴槿恵への最後の一押しにはなった。文在寅は、金大中から盧武鉉へと続く延長線上に自らの立ち位置を定め、李明博政権時に頓挫した太陽政策への回帰を公約に掲げ、北朝鮮との対話路線を強調し、両親が北朝鮮地域出身であることを背景にその意思を示した。しかし、そうした姿勢は態度を決めかねながら安全保障を最終的な判断要因とした層に敬遠されたのである。結果的に、19日の選挙では朴槿恵が1577万票、文在寅が1468万票という接戦であったことを考えれば、北朝鮮が自ら起こした風は一定の効果を見せたといえよう。

次回の選挙を見据える文在寅

大統領選を終えた文在寅は、自らの政治経験不足を痛感せざるを得なかった。たしかに、盧武鉉の葬儀後、期待の人物として国民の注目を受けてきたものの、政党政治家あるいは国会議員として明確な実績が無かったために「盧武鉉の影法師」といった評価以外に、彼には明確な支持要因がなかったのである。たとえば、朴槿恵であれば「朴正熙の娘」という印象はもちろんのこと、選挙での実績や党内改革の経験を有していたことは支持を一過性のものに終わらせない根拠となっていた。

たしかに、韓国では大統領制がとられているため、日本などの議院内閣制の国に比べて大統領にはそれほど政治経験を必要としない部分がある。アメリカを例にとれば、21世紀の大統領にはテキサス州知事を約6年間務めたブッシュ、イリノイ州議会上院議員を8年そして上院議員を約4年間務めたオバマ、政治家経験のないトランプといった存在が分かりやすい（バイデンだけは50年を超えるキャリアを有している）。日本で自民党の政治家が総理大臣になる際に「国会議員として複数回の当選、ならびに重要ポストの歴任」との暗黙の条件があることに比べると、その差が分かる。とはいえ、大統領制をとっていたとしても、政治家として目立った成果や特徴が必要であることはまちがいない。

そこで、文在寅は党内での基盤や実績を作ることに注力していく。大統領選後、台風の目となっていた政党は安哲秀率いる「新政治連合」であったが、文在寅の民主党は野党の結集を進めるために、改めて統合を企画した。その結果、２０１４年3月に「新政治民主連合」が結党されたのであるが、同党は7月に行われた総選挙で大敗してしまう。にもかかわらず、文在寅は非常対策委員会の委員に就任し、翌年2月には党代表となる。これに対して、周囲からは「次期大統領選挙もあるのだから、敢えて火中の栗を拾うことは避けた方がいい」との助言も多くあったが、文在寅は自ら茨の道を選択する。この行動は朴槿恵が大統領就任前に、セヌリ党を立て直すために非常対策委員会委員長（実質的党首）に就任したことを想起させた。しかし、その後の選挙で、文在寅は結果を残せず、代表を辞任するに至る。望んだ結果ではなかったとはいえ、そうした政争のなかに身を置き、元党代表という肩書を得たことで政治家としての成長を迎えた面もあろう。

朴槿恵の施政

一方、約四半世紀ぶりに大統領として青瓦台に帰還した還暦過ぎの朴槿恵には、二つのバックボーンがあった。第一に、朴正熙の最も近い位置で政治手法を学んだ点であり、第二に、「選挙の女王」として世論の動向を読みながら支持を広げた政治家としての資質である。

そうした朴槿恵大統領の前には、歴代大統領と同様に政権末期に家族がらみの汚職が明らかとなり、レームダックとなった李明博の「負の遺産」があった。加えて、経済格差は拡大し続けており、皇帝にも例えられる程の権限を有する韓国の大統領として、課題への対処が求められていた。

また、先の大統領選挙の結果からも明らかなように、当時の保守とリベラルの支持は拮抗しており、政権発足当初の朴槿恵大統領の支持率は50％を切っていた。同じく接戦に勝利した盧武鉉政権が当初から支持率が低迷し、各種の政争に明け暮れざるを得なかったこと、あるいは李明博政権が発足間もなく狂牛病がらみ問題から支持率を低下させたことを考えれば、朴槿恵政権には何らかの起爆剤が必要であった。そこで、朴槿恵が注目したのが外交だったのである。

政権発足から4日後の2013年3月1日の三・一独立運動を記念する式典で、朴槿恵が「（日韓の植民地支配で生まれた）加害者と被害者という歴史的立場は、千年の歴史が流れても変わることはない」と発言したことは、日韓両国で注目を集めた。この背景には、彼女の父親が歴史問題に蓋をして、世論を無視した形で日韓の国交正常化を進めた歴史的経緯から「日本の顔色をうかがう朴正煕政権期の外交を踏襲するのではないか」という韓国国内の懸念を抑える意図もあった。一方、日本からは、父親の威光もあって大統領になった以上、父親と同様、いわゆる「親日的」な対応をとると思っていた新任大統領が急に従来の韓国の大統領と同じく「反日的」になったと映った。ここには、ほぼ同時期に就任した安倍晋三首相の歴史修正主義的な姿勢への牽制や、韓国国内のマスメディアに大きな影響力をもつ強硬な市民団体への共感姿勢を示して支持をつなぎとめようとする意図もあったとされている。

たしかに、朴槿恵大統領の外交は日本に対してはかたくなであったが、それ以外には全方位的なものであった。特に、大国となった中国と同盟国であるアメリカとのバランスをとり、中国とのあいだでは経済的な関係を強化しつつ、アメリカを背景とした安全保障体制は維持するという効果を狙い行動していた。また、北朝鮮に対しては国際的な動向に沿い、強硬姿勢を示した。その結果、当初40％台前半であった支持率は、政権発足から半年後には60％台前半まで上昇し、その後の3年ほどは外交が朴槿恵政権期の支持率浮上の要因であり続ける。

ただし、そうした成功体験は悪化した日韓関係を固定させてしまう。隣国であり、両国の貿易相手ランキングでともに上位に位置しながら、単独の首脳会談が2年以上行われない状況が続くこととなったのである。韓国国内の一般的な世論として、歴史問題の解決は必要とされる反面、首脳会談が行われない状況はよしとされず、ほとんどの世論調査で過半数を超える人びとが早期の日韓首脳会談を求めていた。そして、東アジアの肝といえる日韓関係が停滞することは、両国に軍隊を駐留させているアメリカにとっても問題と捉えられた。懸念を深めたオバマ大統領の仲介で日韓米三者の首脳会談が２０１４年3月に開催されるなど、関係改善の要請が高まったことを受けて、朴槿恵政権は２０１５年12月に最大の懸案であった慰安婦問題に対する合意を日本と結ぶとともに、ソウルでの首脳会談を実現させた。それに対しては、国内の強硬な市民団体からの反発はあったものの、合意は国内外から広く支持され、当時、国連事務総長を務めていた潘基文《パン・ギムン》やオバマ大統領も歓迎の意を示した。また、合意直後に行われた『中央日報』による世論調査では「韓国政府の立場に同意するか」との問に対し「同意する」が47・6%、「同意しない」が47・9%と評価は完全に分かれていた。

そのように外交の分野において賛否はありながらも、朴槿恵は大統領として一定の評価を受けていた。しかし、他の政策課題にかんしては芳しい成果を残したとはいいがたい。政権発足以前から問題視されていた経済格差の是正は解決されないまま残った。財閥企業にすべてが集中し、就職活動を行った大卒者の内の2～3割が財閥トップに位置するサムスングループの入社試験である「サムスン職務適性検査」(通称SSAT)を受けるほどの状況を変えることはできなかったのである。また、財閥企業は創業者一族が世襲で運営されることが多いだけでなく、財閥企業の末端でも縁故採用が横行することとなった。財閥企業社員の子弟にはいい教育を受ける経済的環境が整っていることもあって、親子で財閥企業に入社するサイクルが形成されていったのである。ある意味、社会的地位が固定化された状態があったことから、生まれながらの避けがたい階級をスプーンの材質(金、銀、銅、木、土など)にたとえる「スプーン階級論」や、自らの置かれた状況に対して「ヘル(hell:地獄)朝鮮」とする言葉が若者のあいだで一般化した。そうした経済格差の是正を求める声は国を覆い、「経済民主化」という標語は大統領選挙の際の公約として、それぞれの候補が取りあげていた状況があった。

朴槿恵自身、経済格差や財閥偏重の問題の所在は認識していたものの、一人の政治家が解決するには問題が複雑かつ巨大なものになり過ぎていた。また、彼女の政治家としての基本にあったものは朴正熙大統領の手法の踏襲であったが、時代は大きく変わっていた。最貧国レベルであった経済を立て直すには開発独裁の形をとり主要産業を確立することに注力すればよかったものの、先進国の仲間入りを果たした韓国には経済に精通したブレーンの存在が必要とされていたのである。しかし、朴槿恵政権に適任者が登場することはなかった。加えて、当時の世界経済は全体的な景気後退期にあり、輸出依存度が高い韓国経済はよりむずかしい舵取りを必要とする状況にあった。

そして、朴槿恵大統領は政治手法にも問題を抱えていた。彼女が手本とし、ファーストレディとして身近で見ていた朴正熙はナンバー2を置くことを避け、自ら物事を決めることをよしとしていた。政権に就く前から周囲に壁を作り、意思疎通できる人が限られることを意味する「不通」が代名詞となっていた朴槿恵は、権力の集中する韓国の大統領として自らの判断に従ってふるまえるかに見えたが、多くの決定を下すなかで対処が遅れたこともあった。それを象徴するのが2014年4月16日に起きた大型旅客船セウォル号沈没事件である。当時、青瓦台に居たとされる朴槿恵大統領が中央災難対策本部へ姿を現したのは、事件発生から7時間後のことであった。多くの情報が集中しながら、その情報が大統領に伝わるルートが限られるという問題が露呈し、その空白の7時間に対する疑念や批判が内外のメディアから指摘される状況が起きた。時間は前後するが、朴槿恵大統領が罷免された後、改めてこの事件の対応についての青瓦台内での行動についての捜査が行われ、当初発表された情報伝達の時間の改ざん、空白の7時間に友人の崔順実と会合を行ったこと等が明らかになっている。偶然の事件だったとはいえ、政権の歪みが結果として沁み出してくるような状況がすでにあったといえよう。

しかし、そうした不通の要因は朴槿恵が偏屈であったからと見るのは、尚早であろう。大統領就任前の質疑応答でも、親類が絡む汚職事件が大統領の足を引っ張る場合が多いことを尋ねられた際に、「自分の周辺から管理・改革を進めなければならない」として各種の対策を挙げており、彼女にも韓国政治の金権体質の深刻性に対する認識はあった。そのため、元々疎遠だったこともあったが、大統領を務めたあいだ、実の弟や妹すら青瓦台に足を踏み入れることはなく、限られた面々のみが彼女と意思を通じることができた。その状況は正に、朴正熙が大統領警護室長であった車智澈を重用し、周囲も車の意向を忖度した状況を想起させる。ある種、父親が暗殺されるに至った組織の構造が、時を経て2010年代半ばの韓国に現れてしまったのである。

崔順実ゲート

権力へ連なる疑惑

２０１６年夏に韓国の名門女子大である梨花女子大で、ある学生の存在が注目された。彼女は海外での馬術訓練のため、大学に出席しなかったにもかかわらず、大学からの警告も免除されただけでなく単位も付与されていた。また、馬術大会の成績で入学した彼女の経歴（馬術大会のエントリー期間と入試出願期間の齟齬、高校時代の出席日数など）にも、疑義がもたれた。そして、特に注目されたのは彼女の母親は朴槿恵大統領の親友とされる崔順実であり、当時離婚したため籍は異なっていたものの父親は朴大統領が政治家になる前から秘書を務め信頼が厚いとされた鄭潤会《チョン・ユンフェ》だったことである。つまり、そうした無理を通せた背景に、朴槿恵大統領の影響力があったのではないかとの疑念が生まれたのであった。

その結果、彼女の母親である崔順実に対して、注目が集まった。崔順実の父親である崔太敏については、朴槿恵との親しさゆえ、「朴槿恵はマインドコントロールされている」「彼とのあいだに私生児がいる」といった疑惑や噂は以前からささやかれており、朴槿恵自身がいくら否定しても、そうした声が絶えることはなかった。そして、マスメディアが青瓦台周辺に取材をかけてみると、次第に崔順実が関係者から厚遇を受けていたことも明らかとなり、複数の財閥企業が出資して立ち上げられた「ミル財団」および「Ｋスポーツ財団」を通じた金銭の流れも疑惑を深めた。崔順実らは幽霊会社を立ち上げ、両財団から補助金などを取得することによって不正な利益を還流させる構造を作っていたのである。その上、崔順実の娘は大学入学前の2014年アジア大会で団体優勝したうちの一選手であったが、その他に目立った成績は出していなかった。しかし、彼女はサムスン電子から3億円を超える乗馬訓練にかんする費用を受けており、それが間接的な崔順実への賄賂ではないかとの疑いももたれたのである。サムスングループをはじめとする財閥企業にとっては、国からの支援や補助を受けやすくするためには、朴槿恵大統領とのあいだに太いパイプをもつ崔順実に取り入る必要があったと見られている。

たしかに、スポーツや文化事業に対する大手企業の出資は社会貢献の一環とみなされ、国際的にも推奨される傾向がある。しかし、そうした金銭については一般的な資産管理や運用に比べ、費用対効果の関係が明示されづらく、汚職の温床となりがちという特性もあった。その構造のなかで、スポーツや文化、芸術、観光等を所管する省庁の文化体育観光部が疑惑の舞台となった。2018年の平昌オリンピックの準備に絡む利権、その他の広報事業、有名アスリートへの圧力、省庁内人事などについても崔順実が決定的な影響力を有していたという証言が次々に現れたことで、非難の声は高まっていった。

また、10月にはケーブルテレビ局JTBCが崔順実の廃棄したタブレットPCを入手したことから事態は大きく動き出す。特に注目されたのは、今後の南北関係についての構想を朴槿恵大統領が2014年3月にドイツのドレスデン工科大学で述べた「ドレスデン宣言」の草稿が発見され、その文言に崔順実が添削を入れていたことであった。

問題の所在

崔順実がかかわった問題は一つに止まらず、新たな疑惑が連日メディアに登場するほどの状況があり、政権に対する非難の声は高まりを見せていった。崔順実へ向けられた複数の疑惑を分類すれば、①財団設立に絡む財閥への圧力と財団を経由した不正蓄財、②娘の大学における入学や進級での不正、およびドイツにおける乗馬に絡むサムスン電子からの支援、③文書流出および省庁の私物化が主たるものである。

第一の汚職ならびに不正蓄財にかんしては、もちろん悪事ではあるが、歴代大統領や親族が行ってきた疑惑と本質的に差はない。たしかに、朴槿恵はその高潔さゆえに支持されてきた部分もあり失望も生じたが、彼女本人には不正な利益が還元されることはなく、これによって異例ともいえる大規模デモにつながったとは考えづらい。

次に、崔順実の娘が受けた不正については、建国以降の韓国人が追い求めてきた姿を打ち壊してしまった面があることを理解する必要があろう。朝鮮戦争後からの窮乏状態を脱するため、韓国は朴正煕政権を受け入れ、経済成長を達成した。そして何とか自分の子どもを大学に通わせるだけの資産を得た人びとは「自分の生活を切り詰めても、子弟には学歴を得られなかった自らの苦しさを味わわせたくない」との思いから支援を惜しまなかった。一方、そうした期待を受けた子どもたちは、それに応えるべく自らに厳しい負荷を課し、広く知られる韓国の「受験戦争」の構図ができあがり、30年以上が経過したのである。受験は厳しさを増したものの、受験生やその家族には「受験の物差しは努力によって得られる点数であり、機会は平等に与えられている」という認識があった。そのなかで、大統領とのつながりを背景に名門校へ入学し、その後も各種の不正な恩恵を受けた崔順実の娘をめぐる構造は、経済格差に直面しつつも受験では公平さが担保されるとして努力を続けてきた若者世代（親世代も含む）の怒りを呼んだ。そのため、朴槿恵大統領への抗議デモには、結婚や出産といった家庭生活を低賃金のために諦めざるを得ない若者の姿が珍しくなかったのである。

しかし、上記の問題については残念なことではあるが、歴代大統領や有力政治家が行ってきた汚職の構造とそれほどのちがいはない。たとえば、全斗煥の家族を通じた汚職の金額は、200億円をはるかに超える莫大なものであった。その後の大統領経験者も任期後半や離任後に本人や家族が検察の追及を受ける光景は、ある意味で既視化してしまったといえる。受験とは異なるが、同じく公平性が担保されていると認識されている徴兵制度に対して、子弟の「徴兵逃れ」を行う政治家も少なくない。では、そうした不正を行った大統領らに対して、国を揺るがすようなデモが起きたのであろうか。答えは否である。つまり、崔順実ゲートの特殊性および本質は金銭的なスキャンダルや家族への便宜と別の所にある。それは、先に挙げた文書流出および省庁の私物化である。

朴槿恵大統領はたしかに、選挙に勝利し、大統領としての権限を得た。時に世論が反対していても、国家元首や与党が自らの政策を推進できるのは選挙で信任を得たという根拠のゆえである。しかし、その権力は国民一人ひとりの権利を委譲されたに過ぎない。彼女はあくまで国民の権利を一時的に預かっているのであり、それは私物化できるものではなく、法の下で運用されなければならない。にもかかわらず、朴槿恵大統領は国民の生命線である北朝鮮との問題の公式発言を官僚や側近といった関係者や公人ではなく、特別な学識や実務経験もない友人に判断を委ねてしまった。北朝鮮との関係は、韓国の建国以来の問題であり、現在も徴兵制度が敷かれ、何年かに一度は軍事的な衝突も起きている。つまり、北朝鮮にかかわる判断は、国家の安全保障、経済的な安定など国民生活に直結する。そうした判断を人に委ねてしまうことは、朴槿恵に大統領としての権力を預けた国民にとって裏切り行為にほかならず、人びとは声を上げたのである。

また、そうした韓国国民の行動原理は「民主主義とは何か」という命題にもつながっていく。ここで18世紀の政治哲学者ジャン＝ジャック・ルソーが『社会契約論』で述べた概念を借りてみたい。本来、自然状態（支配・被支配といった社会性がなく、各自が自由な状態）にあった各個人は、単独では実現できない物事に際して社会を結合することでそれらを成しとげようとする。一方、そこで作られた国家には個人の身体や財産を保護していくことが求められる。そして、権利を公共に預けたことで平等となった個人は、選挙を通じて統治を行う政府を信任する。ただ、そうして借り物の権力を得た政府が、勝手な行為をすれば国としての結合はゆるみ、主権者である個人を政府が自らの主張に従わせるようと力を行使したならば結合（国家）は消滅してしまう。つまり、主権者である国民から権力を預かった政府には、国や国民一人ひとりの生活を維持していくために恣意的でなく公僕としての姿勢が求められるのである。朴槿恵は民主主義の基本原則を破り、結果として国民からのうねりのような反発を生むこととなった。

当時の日本には、朴槿恵大統領は両親の悲劇や過大な精神的重圧などから怪しげな宗教家に心を許してしまったのであり、朴大統領も被害者と捉える論調もあった。韓国国民はもちろん、本書で追ってきた朴槿恵の両親の悲劇を十分に知っている。その悲しみにつけ入れられたことを同情する感覚はもち合わせてはいるものの、より大きい問題として彼女の行った民主主義への冒瀆に対して怒りを禁じえなかったのである。１９８７年の民主化達成は、「過去の植民地支配」「冷戦構造のなかでの民族分断」「朴正熙大統領による独裁とその後の軍事政権による支配体制」といった市民の声が無視され続けたことへの非難であり、意思表示であった。韓国国民は声を上げる重要性や、一部の関係者によりすべてが決まる独裁の危険性を心身で記憶していた。そうした怒りの導火線の周辺にさまざまなスキャンダルが加わったことで、国民の声は大きなものとなったのである。

大統領弾劾へと向かわせた市民の声

加熱するロウソクデモ

２０１６年11月になると、毎週土曜日には青瓦台の前の光化門《クァンファムン》広場が朴槿恵大統領への非難の声を上げる群衆で埋めつくされるようになった。その数は毎週数倍の規模で増え続け、主催者発表では１００万人を超えた集会もたびたび行われた。警察発表との差はあるものの、たとえ半数程度であったとしても、韓国の全人口が約５０００万人であることを考えれば、人口の１％程度の人が声を上げるために全国津々浦々から集ったのである。それぞれの地方都市からバスを連ねて人びとがソウルに向かったため、リベラル色が強いとされる光州市では市内で貸し切りバスが不足するといった状況さえ生まれた。彼らのなかには、前掲の怒りや政治をよくしたいとの思いが渦巻いていた。デモの参加者は手にロウソクを持ち、一斉にそれが掲げられたとき、幾多の言葉よりも雄弁に市民の意思が伝えられた。

たしかに、それまでのデモにおいても、問題があるとされた政権への批判が声高に語られ「退陣」や「辞任」などの言葉が叫ばれることは珍しくなかった。しかし、2016年のロウソクデモでの「大統領は辞任せよ」との声は、規模の大きさもあり現実味のあるものとなっていく。10月には20％台であった大統領の支持率が11月に入ると一桁に落ち込み、ときを経るに連れて、ほとんどの調査で5％をも下回るようになったため、政治の世界でその声が無視できなくなった。

それに追い打ちをかけるように、芸能界でも名の知れた存在であったチャ・ウンテク、崔順実の姪のチャン・シホらが連日メディアで疑惑を報じられ、崔順実同様に身柄を拘束された。また、青瓦台においても大統領執務室と直接コンタクトが取れる「ドアノブ3人衆」と通称されたチョン・ホソン大統領秘書室付属秘書官、イ・ジェマン青瓦台総務秘書官、アン・ボングン青瓦台国政広報秘書官らにも疑惑の目が向けられ、チョン・ホソンは早々に逮捕された。つまり、「不通」が代名詞となっていた朴槿恵大統領に意思を伝えようとする場合、友人の崔順実やその周辺人物、あるいは限られた側近を通さざるを得ず、朴槿恵自身が汚職の意識はなくとも、各種の癒着を誘発する状況を自ら作ってしまったのである。

青瓦台に向けて人が押し寄せ、辞任を求めるといった状況が生まれたものの、朴槿恵大統領は11月4日に謝罪会見を行うに止め、その際に質問も受けつけず、職を辞する意向を見せることはなかった。当初、大統領辞任による混乱を避けるため、朴槿恵大統領が自らの権限を与野党合同の挙国一致内閣に移譲し、国政を運営していく案が検討されたものの、彼女に権限移行の意思がなかったことで、国会や青瓦台内外で今後の方向性が議論されることとなった。

ここで法的側面を見てみると、大統領は大韓民国憲法84条で「内乱又は外患の罪を犯した場合を除いては、在職中刑事上の訴追を受けない」と規定されているため、在任中は彼女を罪に問うことができない。また、朴大統領自身が辞任や権力移譲を拒否する姿勢を見せていたことから、次第に大統領の弾劾を求める声が大きくなっていった。一方で、弾劾については盧武鉉政権当時、それを行ったことで国会が混乱し、当時の与野党が議席を落としながら第三勢力であった「開かれたウリ党」の躍進を招いた経験もあり、国会はやや躊躇する姿勢を見せていた。そうした状況を受けて、デモの主催者はその意思を示すため11月26日のデモでは「100万人でも大統領に市民の意思が伝わらないのであれば、200万人の動員を目指す」として、青瓦台前のデモは一層の勢いを増し（主催者発表で150万人を動員し、翌週には170万人が動員された）、弾劾を求める声は抑えきれないものとなっていた。

では、そうしたなかで朴槿恵大統領はなぜ自ら辞任する道を選ばなかったのであろうか。朴槿恵の従兄に当たり、彼女を幼いころから知る金鍾泌は当時、デモの拡大を踏まえながら

「5000万人の韓国国民が押し寄せ、大統領職から下りよと言い、あなたの何が大統領なのかと言ったとしても、彼女はその座に居続けるだろう」と、その性格を評している。この分析は朴槿恵の長所でもあり、短所でもあった資質を端的に指摘している。たしかに、周囲の声に耳を貸すことなく、独断専行に見える姿勢は崔順実ゲートが発生するまでは彼女の支持の源泉の一つであった。しかし、前述のように汚職を生みやすい構造を自ら形成したともいえ、ある意味で「諸刃の剣」が自らに襲いかかってきた状況があった。

朴槿恵大統領は高まる国民の非難の声を受け、11月29日に「大統領職の任期短縮を含めた進退問題を国会に任せたい」との談話を発表したものの、自ら身を引くという意図はなく、後の捜査に対しても消極的な態度をとり続けた。それゆえ前掲のようにデモの参加者は増え続けた。かつて「選挙の女王」と呼ばれた朴槿恵ならば、当然世論調査やデモの意味するものは分かっていたはずである。しかし、彼女は自ら身を引くことを良しとしなかった。そうした朴槿恵の選択の背景には、彼女の大統領職へのこだわりがあると思われる。彼女は両親を大統領の職ゆえに失った。父の死によって青瓦台を出た後は、両親の追慕事業を通じて朴正熙の名誉回復を図り、政治の世界に足を踏み入れる契機になったのも、父が経済成長へと導いた国やその国民の苦難を救いたいとの思いからであった。つまり、朴槿恵の人生の背景には常に大統領であった父の存在があり、その立場に自らが就いた以上、それを守ろうとの意識が強かったのであろう。朴槿恵はしばしば「結婚は諦め、人生をこの国に捧げる」と話していたが、その国の国民から支持を失いながら大統領の地位を守ろうとした姿勢には、矛盾と彼女の人生の悲哀が透けて見える。

市民の声に押される形で、国会では朴槿恵大統領への弾劾訴追案が12月3日未明に野党から発議された（手続き上、12月2日に発議されたこととなる）。憲法65条によれば、大統領が憲法または法律に違反していたと判断され、国会で弾劾を行おうとする場合、国会在籍議員の過半数の発議が必要であり、その議決には国会在籍議員の3分の2以上の賛成がなければならないとされている。2016年4月に行われた総選挙では与党であるセヌリ党は大きく議席を落とし、政権与党でありながら議席数では野党が多い、いわゆる「与小野大」の状況にあった。しかし、弾劾訴追の議決に必要な議員数は200であり、発議を行った野党議員数が171名であったことを考えれば、30名近い造反者がセヌリ党から出る必要があった。一方、セヌリ党の議員としても世論が大きく弾劾を支持するなかで弾劾支持に回らなければ、次回の選挙で落選の危険が高まるということを意味していた。そうした状況下で、議決の行われる12月9日までの1週間、さまざまな綱引きや折衝が舞台裏では行われたのである。

結果的に、弾劾訴追案は234人の賛成で可決することになる。つまり、50人を超える与党議員が大統領弾劾を支持したのである。その背景には3日夜に行われたデモが過去最大の人数をもって行われたことが最も大きく影響していた。青瓦台は大統領弾劾を求める市民に取り囲まれ、ソウルだけでなく全国70都市でも62万人以上が動員された。主催者発表として韓国全体で232万人が暴徒化することもなく粛々とデモを行ったことで、与党議員としては、その矢面に自分が立つよりも市民の声を受けとめたほうがいいと判断したのであろう。

とはいえ、メディアはもちろん、ロウソクデモに参加していた多くの人びとですらも、与党であり朴前大統領の所属政党であるセヌリ党からそれほど多くの賛成票が投じられたことは驚きであった。もちろん、その背景には支持率が若年層に至っては1％にもならないほどにまで低下した大統領を擁護することが、後の選挙において票を失う結果につながるとの危機感があった。見方を変えれば、それだけ朴槿恵大統領の問題に対する非難の声は一方的なものであり、それを解決し韓国が前に進むためには、朴前大統領に法の裁きを受けさせる以外に方法が無いとの認識が韓国国内で広がっていたのである。

太極旗デモの登場

その当時、朴大統領は国民へたびたび謝罪し、捜査に協力すると会見で話していたものの、弾劾訴追後も特別検察（政治的中立性が求められる事件を担当する、検察当局とは別に組織される組織。国会が推薦した弁護士から任命され捜査を行う）の捜査に応じず、大統領府に対する家宅捜索も拒否し続けた。ここで大韓民国憲法66条を見てみると、1項では「大統領は国の元首」と規定されており、2項では「大統領は、国の独立、領土の保全、国の継続性及び憲法を守護する責務を担う」とされている。つまり、大統領は憲法によって規定された存在であり、それを守護する義務を負っているにもかかわらず、朴大統領の弾劾訴追後の行為からは憲法を蔑ろにする姿勢しか感じられなかった。常識的に考えれば、各種の疑惑を抱え、憲法や司法に対して不誠実な行為を大統領がくり返したのであるから、彼女への支持は上がることは無いと思われる。しかしながら、朴槿恵大統領の弾劾に反対する人びとは次第に勢いを増していった。

何十万から百万といった単位で参加者を動員してきたロウソクデモに対して、12月上旬辺りまで朴槿恵を支持し弾劾に反対する人は、ごく少数であり、その少なさは不人気ぶりを際立たせた。しかし、2016年末あたりから韓国国旗（通称、太極旗《テグッキ》）を手に取り、活発な活動を見せはじめた弾劾反対派の集会に対して「太極旗デモ」という言葉が用いられるようになる。実際、新聞記事を検索してみると、それまでスポーツやイベントの記事、あるいは国の比喩として月に数回程度しか使われなかった「太極旗」という単語の使用頻度が12月下旬から急増していった。

劣勢に立たされていた弾劾反対派は、自らの旗印を朴槿恵ではなく太極旗として、愛国運動の形を前面に押し出しはじめたのである。社会運動が大きなうねりとなるとき、シンボルや仮想敵は極めて有効に作用する。太極旗の下に集った人びとの心をつかんだ仮想敵は何であったのであろうか。それは北朝鮮である。その当時の有力な次期大統領候補者は、ほぼ革新勢力で占められていた。彼らは総じて北朝鮮に融和的であり、当選後は対話を進めることで停滞している南北関係を改善すると主張した。しかし、北朝鮮に敵意をもつ保守層からすれば、そうした姿勢は危険なものに映った。特に、次期大統領の筆頭候補であった文在寅は、かつて太陽政策を主導した盧武鉉の側近としてならした人物であり、両親が北朝鮮出身であったため、保守層は韓国の将来に強い危機感をもった。そうしたなかで、北朝鮮が2017年2月にミサイル発射実験を再開し、指導者の腹ちがいの兄である金正男を国際空港という公の場で暗殺したことは、北朝鮮への危機意識を一層高め、保守層に力を結集しなければならないという切迫した認識を強めさせたのである。

そうした認識を利用したもう一つの象徴が、太極旗デモで掲げられたアメリカ国旗であった。弾劾判決が行われた憲法裁判所でのデモにおいても、太極旗に混じって数本のアメリカ国旗がはためいていた映像が見て取れた。ここで、まず明らかにしておきたいことは星条旗をもっているのは、アメリカ人ではなく韓国人だという事実である。しかし、その旗をもつ彼らはアメリカの民主主義や法治主義といった側面を強調したいのではない。朴槿恵大統領の父親である朴正煕の記憶を濃厚に残す太極旗デモ参加者にとって、アメリカは未だに「反共」のシンボルである。つまり、彼らは星条旗を掲げることで北朝鮮への敵意を示しており、その行動からも、彼らの意識が大統領への弾劾そのものに向いておらず、対北朝鮮を意識したものであったことが分かる。

そのようにして、シンボルと仮想敵を見出した弾劾反対派は、問題を弾劾ではなく愛国心と北朝鮮対策へと変え、朴槿恵大統領のコンクリート支持層と呼ばれていた60代以上の人びとを組みこむことに成功した。そして、その運動は次第に攻撃性を見せるようになる。それは2012年の大統領選挙で見られた世代間の対立が「ロウソクデモ vs 太極旗デモ」「リベラル vs 保守」という枠組みを得て、直接的かつ暴力的な対立へと形を変えたことでもあった。

その対立は問題に関与する人が増えるにつれて深刻化していく。太極旗デモでは、保守系政治家や朴槿恵大統領の弁護士が檀上に上がるようになり、参加団体には朴大統領からの手紙も届いた。そうした動向は、太極旗デモが韓国の保守勢力を代表することに「お墨つき」を与える結果となり、動員力の増加に一層拍車をかけた。また、弾劾訴追に関しても、朴大統領が各種の財団や崔順実への金銭的な流れを承知しておらず、自らの蓄財には走っていなかったことから、彼女を被害者と捉える支持者も一定数おり、同情心からデモに賛意を示す者も少なくなかった。

そうしたことを背景に、太極旗デモの動員の伸びは著しく、2月半ばになると太極旗デモは、ロウソクデモに匹敵するような数を集めるようになる。すると、ロウソクデモにも変化が現れた。文在寅をはじめ大統領候補とされる面々が弾劾訴追前のような頻度と熱い言葉をもって、デモ会場の檀上へ再び上がり始めたのである。そのなかで、文在寅が２０１６年12月にメディアの取材に際して述べた「憲法裁判所が弾劾訴追案を棄却すれば革命しかない」という言葉は、後に本人は撤回したものの、ロウソクデモの急進派にしばしば用いられるようになっていった。

２０１７年はじめの韓国の状況としては、元来、①朴槿恵大統領、②崔順実、③サムスンをはじめとする財閥企業という三者による各種の癒着関係を正すことが目的であった市民の怒りの声が、じょじょに変質していったことが分かる。そして、怒りの矛先は反対勢力だけでなく、自らの期待に背くかもしれない憲法裁判所にすら向けられるようになっていった。ある世論調査によれば、弾劾に賛成か反対かを問わず、憲法裁判所が自らの意志と異なる決定を下したならば、それに承服しないと回答した人は44％にも上った。

また、２０１６年秋には大統領府とロウソクデモのあいだにバリケードを作っていた警察は、同じバリケードをロウソクデモと太極旗デモのあいだにも設置するようになった。２０１７年３月10日に弾劾訴追に対する判断を憲法裁判所が下した際にも、警察は裁判所の前に車両を連ねて二つのデモのあいだにバリケードを作ったのであるが、朴槿恵大統領に対する罷免判決後、太極旗デモの一団がバリケードに向かい、太極旗デモの側に70代2名、60代1名の死者が出たことは象徴的な出来事であった。

成熟の途上にある韓国

この状況が、なぜ生まれたのかという点を考えるとき、ロウソクデモと太極旗デモ双方に問題があったといわざるを得ない。まず、ロウソクデモについてであるが、彼らは当初、朴槿恵大統領の犯罪行為とその後の対応に怒りを感じ、彼女に法の裁きを受けさせなければならないとして大統領府前に集っていた。そして、彼らの主張に大多数の国民や国会議員が賛同し、朴大統領の弾劾訴追が達成されたのである。換言すれば、この時点で判断を下す主体は世論から憲法裁判所に移り、デモ参加者はそれを見守る側に変わるべきであった。事実、安哲秀はそうした立場に自らがあるとして、弾劾成立後、ロウソクデモには参加していない。憲法裁判所の決定に圧力を加えるため、デモの人数を示そうとしたのであれば、それは法に基づく裁判所の判断を歪めることになってしまう。本来であれば、弁護士出身であり、生粋の原則主義者との評価のあった文在寅こそ、そうした行動をとるべきであったが、彼はその原則よりも大統領就任のための熱量維持を意識してしまった。

たしかに、文在寅は原則主義者の看板を下ろしたと指摘されても仕方ないポピュリズム的な手法をとった。しかし、それは後に控える大統領選挙で勝つための冷徹な判断と見ることもできる。自他ともに認めるように、彼は金大中、盧武鉉と続く韓国のリベラル派の後継者であり、盟友の遺志を継ぐために大統領という地位を得ることは、彼が政治活動を行う前提でもあった。文在寅のそうした姿勢は、かつて金大中が１９９７年の大統領選挙を控え、長年の朴正熙との対立がありながら金鍾泌と手を結んだことを想起させる。本書でたびたび指摘したように、金大中は自らの目標を達成するために、現実的な手法を選択することがあった。そうした意味で、是が非でも政権奪取をと考える文在寅の姿勢に対し、筆者は彼を理想主義者である盧武鉉と、理想のために現実を取り入れた金大中とのハイブリッド型の存在と見るようになった。もちろん、文在寅の行動にそれだけの正当性をもたせるには彼が大統領として示す成果が必要となるが、これは今後の歴史の検証を待たねばならないであろう。

一方、太極旗デモ側の問題は、そもそもの命題の出発点を書き換えた点である。大多数の韓国国民が朴槿恵大統領の行動を問題視し、国会が大統領への弾劾訴追にまで動いたのは、彼女と崔順実の周囲で起きた問題への憤りからであった。国家元首たる朴槿恵大統領が韓国国民の作り上げてきた民主主義を棄損したことが、問題の本質なのであり、北朝鮮対策に問題をすり替え、保守派の立て直しを図ることは核心部分を眩ます行為である。

市民がもつ怒りの感情は適切にコントロールすれば、社会を改善させる原動力になりうる。

実際に朴槿恵大統領が弾劾訴追を受けたことはその効果を表している。しかしながら、そうした成果に対して、ロウソクデモは振り上げた拳の落とし所をまちがえ、太極旗デモはそれを曲解し北朝鮮への怒りに問題をすり替えてしまった。また両者の背後には、大統領の弾劾にまで国会を動かした有権者の熱量を大統領選挙まで維持したい野党の思惑と、その勢いを何としても止めたい与党の思惑も存在していた。そうした大きな流れのなかで、朴槿恵も文在寅もこれまでの生き方を投影しつつ、弾劾裁判の日々を過ごしたといえる。

韓国は文在寅を選んだ

揺れる浮動票

前述のように憲法裁判所は朴槿恵大統領が崔順実被告に機密文書を流出させたこと等を違法行為とみなし、国民の信任が裏切られ、憲法を順守するとの観点から容認できない重大な法違反を犯したとして、８名の裁判官が全員一致で大統領の罷免を決定した。その判断を受けて、「大統領が欠位となった時は60日以内に後任者を選挙する」とした憲法68条に従い５月９日までの選挙戦が開始されたのである。

朴槿恵大統領がかつて率いていたセヌリ党は２０１７年2月8日に党名を自由韓国党に変更

したものの、保守陣営の旗色は悪く、苦戦が予想された。そこで、保守層のなかに自らの票が死票となるのならば、当選可能性のある中道左派の安哲秀を支持したほうが、よりリベラル色の強い文在寅が政権をとるよりもいいと感じた保守層が一気に安へ流れる傾向が生まれた。前回の大統領選挙の際には、若者を中心に熱狂的ともいえる支持を得た安哲秀であったが、その後の政争のなかで清廉な印象はやや薄れてしまっていた。そこに従来とはまったく異なる層が彼を支持しはじめたのである。その状況を受け、安も以前は北朝鮮のミサイルに備えるための高高度防衛ミサイル（THAAD）設置に対して反対の立場をとっていたものの、容認へと方向転換するなど保守層の支持を固めようとした。その結果、4月に入ると安哲秀と文在寅の支持率は拮抗し始めたのである。

しかし、ここで以前と同様の問題が安に立ちはだかる。安はテレビ討論の場において、文在寅の弁説に対抗できなかったのである。すると、安哲秀では勝てないと見た保守層は、自由韓国党の洪準杓《ホン・ジュンピョ》候補へと支持を変えていった。最終的に保守の浮動票を抑えた洪準杓は安哲秀を得票で上回った。とはいえ、得票率を見てみると文在寅が41・1％、洪準杓24％、安哲秀21・4％であり、当初の予想通り文在寅が圧勝した選挙となった。前回の選挙での朴槿恵と文在寅の得票率が3・6％差であったことを考えれば、その差がいかに大きかったか分かる。

この結果からは、「崔順実ゲートに端を発した短期的な意味」と「韓国の建国から70年という歴史と歩みを一《いつ》にする文在寅の人生を通じた長期的な意味」の双方で捉える必要があると筆者は考えている。

まず、短期的な意義から考えてみると、第一に文在寅がリベラル層の支持を確保したことが挙げられる。他の候補者はかつて朴槿恵を支持しており、浮動票となった保守票を奪いあうことに意識を向けざるを得なかったが、文は一貫してリベラルの立場を崩さなかったことで朴槿恵への支持が落ちこんだときのリベラル層の勢いをポピュリズム的な手法も取り入れつつ維持できたのである。中道左派である安哲秀に多少の票は流れたものの、「反朴槿恵」を明確にしたことで他の候補者との差別化を図り、崔順実ゲートに怒りを感じていた若者の票も確保できたことが大きかった。

第二に、盧武鉉の再評価の機運が高まっていたことが挙げられる。文在寅には明確な政治上の成果といえるほどのものはなく、彼の支持の源泉は「盧武鉉の腹心であり、同士」という点であった。そうした状況下で、朴槿恵大統領が絡んだ汚職や不正義が指摘されるなかで、清廉な印象と自らの命を賭してそれを韓国人に問うた盧武鉉の存在に光が当たる状況があった。具体的には、2013年に盧武鉉が本書4章で紹介した釜林《プリム》事件を契機に人権弁護士として歩みだす様子をフィクションを交えて描いた映画「弁護人」が韓国国内で1100万人を超える動員を記録したことは、その証左である。盟友・盧武鉉の印象は、カネと利権にまみれた崔順実ゲートの報道にふれ、失望をくり返していた韓国国民に強く訴えるものがあったことは間違いない。

同調する韓国史と文在寅

ここで改めて文在寅政権誕生が歴史的にどう捉えられるかを考えなければならない。崔順実ゲートの影響は大統領選挙において、文在寅大統領誕生の最大の要因となった。しかし、文在寅政権の任期である5年間でその要素は次第に薄れゆき、本書で追ってきた韓国史全体、そして文在寅大統領のこれまでの経緯が韓国の将来に対してどのような影響を与えるのかを捉えることが必要となろう。

そして、長期的意義として第一に挙げられるのが、北朝鮮に対する融和姿勢である。文在寅の両親は1950年に北朝鮮に親や親類を残して韓国に渡った離散家族の一員である。そのため、彼は北朝鮮を同じ民族として見る傾向が強い。そうした姿勢は、北朝鮮の存在を意識せざるを得ない韓国国民にとって、一つの判断材料であった。文在寅政権を生んだ崔順実ゲートも、人びとの怒りに火を点けたのは北朝鮮に対する文書を朴槿恵大統領が流出させ、助言を仰いだことが発端となっていた。そして、朴槿恵大統領への弾劾反対の主軸となった太極旗デモにおいても、その中心に北朝鮮への反発があったように、韓国政治にとって北朝鮮は常に意識される存在である。
そうした認識をもっている韓国国民にとって、李明博政権、朴槿恵政権と続いた時期は北朝鮮への強硬姿勢によって南北関係が悪化の一途をたどり、核やミサイル開発が進み続けた期間でもあった。一方で、金大中政権、盧武鉉政権の時期は曲がりなりにも首脳会談が行われ、意思疎通のチャンネルが存在していた。それを踏まえれば、リベラル政権の正統な後継者であり、北朝鮮への融和姿勢が血肉化されている文在寅の方針に対して信任が与えられたのも自然なことであった。

第二の長期的意義として挙げられるのは、文在寅の人生が常に切り捨てられがちな弱者の側にあったという点である。わずかな親類とともに両親が渡韓した文在寅の少年時代の生活が学校の給食費が払えないほど厳しかったことは、よく知られている。しかし、そうしたエピソードは韓国が最貧国とされていた時期のことでもあり、幅広い世代の共感を生んだ。努力の上で進んだ大学では民主化運動への参画から投獄を経験し、徴兵の後に弁護士資格を得たものの人権弁護士として虐げられた人の立場にあったことは、彼の人生がエリート層ではなく、常に苦しむ韓国の多数派のなかにあったことを意味している。

そこで現在の韓国経済を見てみると、財閥は二世、三世が主導権を握り、財閥三世であるサムスン電子副会長の李在鎔《イ・ジェヨン》と大統領の娘である朴槿恵大統領が崔順実ゲートの疑惑の中心にあった。そうした権力の世襲構造に不満をもった人びとは、格差社会の軋みを受けとめざるを得ない側であり、財閥企業に属することができない国民の多数派でもある。そうした層にとって、既得権益を得てきた政治家ではなく、弱者に寄りそい、抑圧されてきた意思を社会に伝え続けた文在寅は自らのリーダーとして適任と捉えたことは自然な流れでもあった。

第三の長期的意義としては、韓国人がふり返りたいと考える時代が変化したことである。朴槿恵大統領を生んだものは、まちがいなく父親の朴正熙政権時の記憶であった。最貧国であった韓国が奇跡的な発展をとげたことは輝かしい記憶であり、その価値は存分に評価されるべきである。しかし、同時に朴正熙政権は軍事独裁色が強く、意思決定は独裁者個人に委ねられた。また、その時期に財閥を中心とした経済発展モデルも構築され、企業もまた「人の支配」が進んだのである。そして、残念なことに朴槿恵政権では大統領と直接コンタクトを取れる人が限られ、あたかも独裁のような「人の支配」が進み、世襲の進む財閥も大統領の個人的な関係を利用して自らの地位を確かなものにしようとする動きを見せた。つまり、輝かしい高度経済成長期の「負の遺産」によって朴槿恵政権は崩壊し、大統領とその周辺が刑事事件の対象となる事態を生んでしまったのである。

その状況で求められたのは、軍事政権を倒したリベラル派の後継者であり、1987年6月に韓国中を席捲した民主化運動を彷彿とさせるロウソクデモの象徴の一人、文在寅であった。

朴正煕大統領の独裁期に一度手放した民主主義を再び自らの手に取りもどしたことは、韓国のもう一つの輝かしい記憶であり、それを改めて想起させた高揚が文在寅を大統領の地位へと押しあげたのである。

文在寅は当選が確定した日の夜、ロウソクデモの舞台ともなった光化門広場で勝利宣言を行った際に「国民すべてを統合する大統領になる」と述べた。韓国の苦難をなぞるような彼の歩みを俯瞰すると、彼は国民統合を実現する可能性を有する人物といえる。民主主義が人々の声を政治に反映する営みならば、大多数の国民の人生に寄りそう彼はその象徴的存在であり、朝鮮半島全体の将来に希望を灯すことのできる人物を韓国人は選んだ。本書で追ってきたドラマチックな韓国政治は、ある種、2017年5月9日にすべてが収斂していくかのようである。しかし、これはドラマの一幕が終わったに過ぎない。国民の多くが求めた文在寅大統領の政治がどこに向かうのか、国内外の目が注がれる日々は続く。

おわりに

蒔き続けた平和の種

文在寅が大統領として歩みはじめたとき、本来ならば自ら選んだ閣僚らとともに混乱した内政を安定させることに集中したかったにちがいない。しかし、緊迫した朝鮮半島情勢がそれを許さなかった。大統領選挙の最中にも、アメリカが朝鮮半島に向けて原子力空母カール・ビンソンを派遣するとの報道が流れ、選挙の2週間前には高高度防衛ミサイル（THAAD）が慶尚北道の星州《ソンジュ》へ設置されているような状況を前にして、彼は外交や安全保障を第一に考えざるを得なかったのである。

そうした状況下で、文在寅大統領は主要20か国・地域（G20）首脳会合参加のためにドイツを訪れ、7月6日にベルリンで行った演説で4つの構想を北朝鮮に対して提起した。そこで挙げられたのは、①首脳会談も含めた南北間の対話再開、②離散家族対面の再開、③軍事境界線での敵対行為の中断、④2018年に開催される平昌冬季オリンピックへの北朝鮮の参加であった。かつて同じベルリン市で金大中大統領が南北首脳会談を呼びかけた宣言を行ったという因縁も感じさせるが、発表当時は国内メディアからも「韓国の一方的かつロマンチックな願いをこめただけではないかと低評価される懸念もある」あるいは「虚空の中のこだま」（2017年7月7日『中央日報』社説）と評され、国際政治の現実の前に、彼の声は蟷螂の斧を思わせた。

北朝鮮も日増しに高まるアメリカからの圧力に対して、ミサイル実験をくり返した。9月には通算6回目の核実験を行い、その規模から北朝鮮が水爆を保有していることはまちがいないとされた。朝鮮戦争後、平和条約を結ぶことなく、各種のテロや軍事衝突を繰り返してきた歴史、そして自らの兄を暗殺し、叔父である張成沢《チャン・ソンテク》を処刑するといった金正恩の姿勢を考えれば、北朝鮮による核の脅威は現実的なものと捉えられた。水爆によるミサイル攻撃が東京とソウルを襲った場合、何百万人という犠牲者が出ることは紛れもない事実であり、攻撃が行われたならば世界経済が壊滅的な打撃を受けることは容易に想像がついた。

もちろん、国際社会もそうした状況に手をこまねいていたわけではなく、国連を中心とした経済制裁は進み、その圧力は陰日向なく北朝鮮を支援してきた中国やロシアも厳格に輸出入を制限するほどであった。また、北朝鮮の水爆実験から約2週間後の9月19日にはトランプ大統領が国連総会での一般討論演説で「アメリカやその同盟国を守る必要に迫られた場合、北朝鮮を完全に破壊する」と発言し、安倍首相もそれを受けて「一貫して支持する」とし、「対話とは北朝鮮にとって、われわれを欺き、時間を稼ぐため、むしろ最良の手段だった」との演説を行った。

しかし、そうした状況下においても、文在寅大統領の姿勢は変わることは無かった。同じ一般討論演説の場において、非暴力的なロウソクデモが戦争と葛藤が絶えない世界に対して平和的なメッセージを送ったこと、そしてデモを主導した民衆を代表しているのは自分であることを強調した上で、北朝鮮が自発的に平和を選択するならば、持続性のあるものとなると主張した。また、国連の経済制裁を評価しつつ、現状を「挑発と制裁がますます高まる悪循環」と捉え、北朝鮮が対話や平和を選択したならば、国際社会とともに北朝鮮を支援する準備ができているとした。そして、演説の最後には、翌年に控えた平昌オリンピックで北朝鮮選手団の参加、南北にまたがる応援団がもつ可能性を熱く語りながら、平昌、そして国連が平和のロウソクとなり、心を合わせるべきとした。これは、7月のベルリン宣言を踏襲するものであり、国際社会の場で韓国の立場を一層明確にしたものであった。

また、文在寅は同時期、北朝鮮の乳幼児や妊婦に対する国連の人道支援に協力する道を模索し、多方面から対話へのメッセージを送り続けていた。幼いころから同国に居る人びとの話を両親から聞き、前述の国連討論演説でも故郷を思いながら帰郷が叶わずに亡くなった父親のエピソードを語った文在寅にとって、北朝鮮は他の国の人びとが見るような「金正恩の独裁国家」ではなく、一部のエリート層をのぞく「2000万人以上の同胞が苦しみながらも懸命に生きる国」であった。

もちろん、文在寅は北朝鮮と国境を接する国の大統領として強硬派の意見を無視していたわけではない。注目すべきは2017年8月に策定された2018年度の国防予算である。同予算は前年度比で6・9%の増加を見せた。朴槿恵政権期の2016年には北朝鮮が2度の核実験を行ったにもかかわらず、2017年度の国防費は4%台の増加に止まっていたことから、彼が単に融和政策を進める政治家でないことが分かる。太陽政策を推進した金大中政権期に、北朝鮮からの挑発に断固として対応しつつも、対話の道を示し続けた姿勢と文大統領の方針は相通じるものがある。また、大統領就任演説でも「条件が整えば平壌にも行く」と述べた直後に「韓米同盟はさらに強化する」と宣言していることからも、彼の目指す外交の形が最終的なゴールのために現実的な手法も併用することだと分かる。これは、かつて共に歩んだ盧武鉉元大統領がアメリカとの関係が上手くいかないまま太陽政策を進めたことで、目に見えた成果が出せなかった反省とも見て取ることができよう。

ここで2017年の国際社会における「本音」の部分を見る必要がある。まず、ソウルと東京に基地を有し、多くの民間人が同地に居住するアメリカとしては北朝鮮が暴発した場合、数万人単位の犠牲者が予想された。もちろん、大陸間弾道ミサイル（ICBM）による米国本土が射程に入ることも問題であるが、世界経済の拠点である東京、そして朝鮮戦争から多額の支援を行い成長を促してきたソウルが核攻撃を受けたならば、第二次世界大戦以降、政治経済の各方面において最も深刻な事態となることはまちがいない。トランプ大統領は過激な言葉で北朝鮮を非難し、11月8日に韓国の国会で「我々を試すべきでない」と述べた上で、「愚かに米国の意志を試して歴史から消えた政権は多い」とアメリカの従来の行動を引きあいに圧力をかける姿勢を示した。その一方で、金正恩委員長に対して「我々はよい未来のための道を提供する準備ができている」とも述べてもいる。現実的に考えれば、敵対することよりも対話による解決が望ましいと考えるのは、賢明な判断である。その後の展開を考えれば、こうした発言が米朝首脳会談の布石となったと見ることもできよう。

また、北朝鮮としても①国際社会からの経済制裁、②アメリカからの軍事的圧力、③外交的孤立といった状況は核実験・ミサイル実験を進めるに比例して悪化しており、たとえICBMを開発し、米国本土に届く力を得たとしても前掲の要素は一層の締めつけが予想された。これまでの核危機においても、北朝鮮が求めてきたものは経済支援と体制の安定（アメリカとの不可侵条約、韓国との平和条約の締結）であったことを考えれば、ミサイルによって突破口が開けない以上、何か別の手段によって自らの希望を実現する必要があった。

そして、韓国としてみれば、再び同じ民族同士での戦闘や核戦争は避けなければならないと考えており、北朝鮮が暴発しない環境を対話のなかで作ることは最も現実的かつ実利に見合った選択であった。加えて、文在寅政権発足後、その支持率は70％台から60％台後半で推移しており、同盟関係にあるアメリカとのあいだに齟齬が見られたとしても自らの方針を堅持できる状況は整っていたのである。

つまり、２０１７年後半においてアメリカ、北朝鮮、韓国といった当事国にとって「圧力」と「対抗措置」の応酬を繰り返していた状況を打開するためには、対話を進めることこそがそれぞれの利害に合致した方針であった。

就任1年目の成果

そうしたなか、２０１８年の年明けに事態は一気に動き始める。元日の「新年の辞」にて金正恩委員長が文在寅大統領のたびたびの呼びかけに応えるように、「平昌オリンピックへの参加」および「対話の再開」を宣言したのである。ここで太陽政策の歴史を改めてふり返ってみると、金大中政権が発足してから第一回南北首脳会談までには2年以上の月日を要した。しかし、２０１７年の緊張を考えれば、それほど悠長に構える時間はなく、その速度が速まったのも当然のことであった。

文在寅政権はこの提案に諸手を挙げて賛成し、高官級会談や平昌オリンピックにおける女子アイスホッケーの合同チーム結成など、環境を一気に整えた。国際社会もそれに呼応し、IOCは北朝鮮代表チームの参加はもちろんのこと、合同チームの選手数を特例として23人から35人へと伸ばすことを了承した（試合における出場エントリーは22人と他チームと同様）。これは北朝鮮の代表選手が合流することで五輪に出場予定であった韓国代表選手の不参加をなるべく減らそうとする意図もあった。

しかし、チーム競技であるアイスホッケーに試合の約3週間前にメンバーが加わることは「韓国選手たちの剥奪感は大きいだろう。オリンピックがこれほど差し迫ったタイミングで合同チームの話が出てくるということも衝撃的だ」と韓国代表監督が述べたことなどにより「アスリートが政治の犠牲になった」と捉える若者層がこの指針に反対の声を挙げるようになった。政権の支持率は10％近く低下し、政権の支持基盤の一つである若年層の反発が強まったことで、保守派は反転攻勢をかけるのは今と捉えた。北朝鮮を非難するために、再び街に太極旗と星条旗を掲げたデモが展開された。デモ参加者は口ぐちに「文在寅は平昌五輪を平和五輪だというが、北朝鮮に乗っ取られた平壌五輪だ」と指摘し、太陽政策が北朝鮮に利用されていると主張した。一方で、約1年前にロウソクをもって集まった人びとのなかにはそのデモに対して、朝鮮半島をかたどった統一旗を振って応戦するものも少なくなかった。そうした状況はオリンピックの舞台である平昌でも見られ、問題の解決は簡単ではないことを示していた。

ただし、北朝鮮はそうしたデモで自らが標的になっていることを知りつつも、対話姿勢を進めていった。象徴的な事例が金正恩委員長の妹、金与正《キム・ヨジョン》を開会式に派遣したことである。多くの幹部を粛正するなど恐怖政治を続けていたことから、北朝鮮の内部では金正恩委員長に直言できる人は肉親である金与正ぐらいとされ、労働党組織指導部第1副部長（当時）との地位からは想像もつかない権威を彼女は有していた。彼女は韓国でテレビ画面に映る際には笑顔を絶やさず、その姿から「ほほ笑み外交」との言葉も生まれた。また、歌やダンスなどを行う三池淵《サムジヨン》管弦楽団、あるいはいわゆる「美女応援団」も韓国に派遣され、彼女たちの一挙手一投足はニュースとして世界に配信された。ある意味で、北朝鮮は核やミサイルなどの強硬イメージを打ち消すことに懸命であり、見方を変えれば、それだけ当時の北朝鮮が追い詰められていた証左と見なすこともできる。

平昌オリンピックの開会式には金与正が出席し、南北の選手団が合同で入場した。聖火台への階段を駆け上がったのは、女子アイスホッケーの韓国と北朝鮮の選手であり、融和や統一のメッセージが高らかに宣言された。また、開会式には韓国という国からのメッセージが込められていた。韓国の歴史をテーマにたどった式では、マスゲームの際に人びとがロウソクを手にして、動きを表現した。演壇の上に立った彼らが手にしていたロウソクの形状は正に1年前のデモにおけるものと同一であり、人びとはそこに以前の熱意を思い出した。つまり、開会式で表現されていたのは、韓国人の民主主義と統一への願いであり、そのなかでジョン・レノンの名曲「イマジン」に平和と国境を超える願いが託されたことは、現在そして将来の韓国が目指す姿の表れであった。

韓国はもちろん、北朝鮮も民族の分断により、これまで不必要な支出と対立を重ねてきた。同じ民族が自らを守るために、生活を犠牲にして軍事予算を確保し、若者が貴重な時間を徴兵によって使わざるを得ないことは悲劇ですらある。その一方で、分断から70年が経過するなかで、韓国と北朝鮮の経済格差は統計にもよるが約30~50倍の開きがあるとされている。多くの人びとが統一を望んでいても、かつて東西ドイツが統一を果たした時の経済格差が3倍程度であり、その格差に現在も悩まされていることを考えれば、本格的な朝鮮半島の統一にかかる時間は何十年という単位を必要とするであろう。

ただし、そうしたなかで韓国人が重視してきたのは、「人びとの思いが政治に反映されること」であった。植民地支配、冷戦構造、軍事独裁によって抑えつけられてきた人びとの思いは、市民が街頭にくり出し、民主化を叫び、ロウソクを掲げるなかで形にされてきた。もちろん、政治の動向が人びとの意識を変えることはある。たとえば、平昌オリンピック開幕前には前述のように統一へ消極的な若者層の統一チームや政権に対する不支持が高まったものの、実際に合同チームの姿を目にし、10年以上韓国に来ていなかった北朝鮮の応援団の姿を報道などで知ったことにより、閉幕時には過半数の若者が統一チームを肯定的に捉えるようになり、文在寅政権の支持率も以前よりも高くなった。政府と国民のそうした相乗効果のなかで、南北融和に向けて事態が進み、戦争の危険が無くなることが韓国にとっては最も望ましい状況であった。

また、北朝鮮も年始の段階では反発要素に挙げていた米韓合同軍事演習を容認し、板門店《パンムンジョム》のなかの韓国側施設「平和の家」で南北首脳会談を行うことを決めた。2000年に行われた第一回の南北首脳会談の際に父である金正日委員長が南北共同宣言のなかで「適切な時期にソウルを訪問する」としていたが、それは実現することはなかった。しかし、2018年4月には北朝鮮の首長である金正恩委員長の韓国訪問が軍事境界線上とはいえ実現したのである。実際に韓国人がリアルタイムで目にした金委員長の姿は、無表情な演説や過剰なアナウンスの放送ではなく、知性と人への敬意を有する人間だということを韓国人にも受け入れさせた。それは彼の父、金正日が各国関係者と対話した際の印象を彷彿とさせる。文在寅と金正恩が一つの場で語りあったことは単なる会談の枠を超え、朝鮮半島全体の未来に大きな可能性を示したのである。その後の9月には、文在寅大統領が平壌を首脳会談のために訪れ、市民15万人を前に非核化と統一への思いを熱く語る瞬間へとつながった。

政権発足から約1年で南北首脳会談へともち込んだ文在寅の外交については、韓国では多くの人が支持した。政治家としての目立った実績のなかった彼にとって、初めて国内外に確固たる成果を示すことができたのである。文在寅大統領は2017年11月に統一部から「文在寅の韓半島政策」を発表し（日本語版も公開）、そのなかで目標として「朝鮮半島における新経済共同体の実現」を挙げているが、その方式は金大中がかつて打ち出した三段階統一論を思い起こさせる。

また、文在寅は2018年8月15日、かつての六か国協議の構成国にモンゴルを加えた関係国のあいだに「東アジア鉄道共同体」を形成し、韓国から中国やロシア、そしてヨーロッパへと連なる経済圏の構築を提起した。これは、北朝鮮との融和や統一が、停滞気味の韓国経済の成長エンジンになるとの見方を示したものでもある。単に平和などの理念に頼ることなく、経済的側面から平和や統一を語ることで、冷静さをアピールし、活動を継続する動機づけも生んでいる。

民主主義を柱に既存の政治と対峙し続け、民族の統一を人生の柱としてきた金大中と文在寅が同じような方向性をもって、南北首脳会談を実現させ、将来を見据えていることはとても興味深い。たしかに、2021年現在、北朝鮮はアメリカや韓国との対話から譲歩が引き出せなかったため、再び態度を硬化させている。特に2020年6月16日に北朝鮮が南北共同連絡事務所を爆破したことは、各国のメディアを賑わせた。しかし、ここで対話が止まれば、正に元の木阿弥である。太陽政策の意義、そして六か国協議の失敗を改めて思い起こすことが求められよう。単なる融和政策ではない対北朝鮮外交を継続させるには、成功体験とビジョンを有する文在寅の果たせる役割は大きい。

理想と現実との狭間で

日韓関係

北朝鮮との関係が次第に円滑さを失い始めたのと、ほぼときを同じくして複数の問題が文在寅を悩ませることとなった。本書の読者にとって最も想起しやすいのが悪化した日韓関係であろう。具体的な行動となったのは2019年夏の輸出規制問題やそれに伴う安保上の対立であるが、それが2018年10月30日の韓国大法院による、いわゆる徴用工判決やその後の行動に対する報復措置であったことは衆目の一致するところである。日韓両国共に相手国の情報や前提が理解されていない部分は多いものの、本書をここまで読んできた方にとっては、韓国の論理や文在寅の立場は理解しやすいことと思われる。

そもそも徴用工とは、第二次世界大戦の最中、国家総動員体制の下で軍事産業や鉱業等に労働力として、当時植民地下にあった朝鮮半島から動員された人びとを指しており、動員や業務の際に威嚇や暴力がしばしば伴われた。その存在は従軍慰安婦の場合とは異なり、日韓の国交正常化交渉が始まった1950年代よりすでに懸案の一つで、1965年に日韓両国のあいだで締結された「日韓請求権協定」において日本が韓国に経済協力を提示し、両国の請求権が「完全かつ最終的に解決された」との文言が組みこまれたことの要因になっている。

基本的に日本政府は徴用工問題については日韓請求権協定において解決済みとの立場を取り、韓国政府や司法の現場でもそれを追認してきた。そこで、補償を求める元徴用工らは、1956年の日ソ共同宣言において「それぞれの国、その団体及び国民のそれぞれ他方の国、その団体及び国民に対するすべての請求権を、相互に、放棄する」とされながら、個人の請求権は喪失していないとして、日本政府に対し個人として裁判を起こした元シベリア抑留者の法解釈を参考にした。日本政府も1997年11月28日にシベリア抑留者の問題に対して「日ソ共同宣言の第六項の規定による請求権の放棄については、国家自身の請求権を除けば、いわゆる外交保護権の放棄であって、日本国民が個人として有する請求権を放棄したものではない」との答弁書を送付している。しかし、元徴用工が起こした裁判では日本、韓国それぞれで敗訴が続いた。そうしたなか、2012年に韓国の大法院が原審判決を破棄し、高裁に事件を差し戻したことが契機となり、2018年の判決に至ったのである。

条約の順守については国際法上の原則として「合意は拘束する」というものがある。その一方で、条約締結時の社会事情が変化した場合、それを根拠として条約の拘束力から免れる「事情変更の原則」も存在している。事情変更の原則を認めるか否かの論争は16世紀以来、国際法分野での主要議題の一つであった。合意を順守することは国際法体制を維持する上でも基本となるが、当該国に根本的な変化が生じた場合、条約の範囲も変化することは一定の理解がなされている。

また、徴用工判決において、もう一つ重要な国際法上の原則としては憲法優位説が挙げられる。これは国際法（条約、協定など）と憲法の主張が対立した場合、どちらが優先されるかを示したものである。国の基本法である憲法のほうが、国際法に優先するという論理は日韓両国をはじめ多くの国で採用されている。

そうした国際法の特性を理解した上で、韓国司法の姿勢を見ていく。この問題の大きな分岐点となった2012年の大法院判決では、日本の植民地支配の合法性の可否についての議論が示されている。徴用工らが日本で起こした裁判について大法院が疑問視したのは、「日本の朝鮮半島および韓国人に対する植民地支配が合法であるという規範的認識を前提」としている点である。

ここで理解しなければならないのが、韓国における歴史学や法学における主張として、1905年に韓国の外交権を奪った第二次日韓協約は調印に際して日本の脅迫により強制されたものであり、手続き上の不備もあるため、同協約は違法かつ無効であり、その延長線上にある1910年の日韓併合条約も同様に無効との解釈が一般性を有している点である。そうした状況下において、韓国の法学界を代表する存在である大法院の裁判官が、植民地支配を基盤とした国家総動員体制に基づく行為を合法的とする日本側の判決を認めない姿勢は、論理的に矛盾していない。

また、植民地支配の合法性については、1965年の日韓基本条約や日韓請求権協定を作成する際にも議題に上がっていた。日韓併合条約を有効とする日本は「同条約は1948年の韓国独立で失効した」と捉え、韓国は「1905年あるいは1910年の時点から無効」として議論は平行線をたどった。そこで、日韓基本条約においては、時期を明示せず、「もはや無効であることが確認された」との玉虫色の表現が用いられたのである。換言すれば、ベトナム戦争にかかわる情勢から早急に国交正常化を願った日韓米三か国の当時の思惑もあって、日韓両国の植民地支配をめぐる法的正当性についての意見対立は棚上げにされた。しかし、半世紀以上にわたり、日本国内では植民地支配は合法であるとされ、韓国国内では不法であるとの主張に疑義が差し挟まれなかったことで、両国で異なる認識が定着したのである。半世紀以上にわたり覆い隠されてきた問題が、徴用工判決として一気に現れたと見ることもできよう。

そして、植民地支配の合法性と憲法との関連について大法院は、憲法前文に「悠久の歴史と伝統に輝くわが大韓国民は三・一運動により建立された大韓民国臨時政府の法統と不義に抗拒した四・一九民主理念を継承し」と記載されている点を挙げ、「大韓民国の憲法精神と両立しえないものはその効力が排斥されると解さなければならない」としている。第1章でも述べたように、1919年の三一独立運動が武力で鎮圧されるなかで、大韓民国臨時政府は設立されている。つまり、この臨時政府こそが正統な大韓民国であって、不法の上に成り立っていた当時の日本の植民地支配を認めることは、現在の韓国が臨時政府の延長線上に位置するという核心的な価値観と衝突してしまう、との論理がとられている。そうした憲法上の理念と、日韓請求権協定の条文や前提が対立したため、大法院は憲法優位説をとったのである。また、大韓民国憲法6条1項では「憲法により締結・公布された条約と一般的に承認された国際法規は、国内法と同じ効力を持つ」とされ、憲法裁判所も1995年12月28日に「条約は違憲審判対象である」との判断を下した経緯があるため、韓国において国際法を憲法に基づき審査することは自然なことであった。

二国間条約や安全保障関連の条約において、自国民の意思や通念と大きな齟齬が生じた場合、改めて議論することは否定されるものではなく、当時安倍首相などが頻繁に用いていた

「国と国の約束」という単純な文言だけでは捉えきれない。本書の第2章でも述べたように条約締結時の韓国では、戒厳令や衛戍令が発動され、軍事独裁政権によって抑えられた歴史認識や四月革命からの連続性を有する民主化要求は1980年代になって噴出した。憲法をはじめとする制度そのものを変えた1987年の民主化に至る経緯を考えれば、徴用工問題に対して改めての議論も必要になるという見方は、多くの韓国人にとっては理解の範疇に当たる。

また徴用工判決後、両国の断層を生んだものの一つに日韓における政治と司法の位置づけの相違がある。当時、日本では「主体的に問題解決を図るべきは韓国政府だ」（毎日新聞2018年10月31日社説）として韓国政府の〝責任ある〟行動を求める主張が目立った。たしかに、日本の司法においては政府の意図に反する判決が出ることは限られている。一方で、韓国では従軍慰安婦に対する補償問題を韓国政府が日本政府と交渉しない不作為に対して、2011年8月30日に憲法裁判所が違憲判決を行ったように、司法が現政権の政策に否定的な判決を下すことは珍しくない。こうした姿勢を一般に司法積極主義といい、日本の司法の姿勢は司法消極主義といわれる。

日本においては、司法の判断が進行中の政策や制度に下ったとしても、それを認めないことがある。ある種、三権分立の認識において、司法の独立性が低く、上下関係に近いものがある。もちろん、韓国においても政治と司法の関係が常に適切であったとはいいがたいものの、文在寅は人権弁護士として長年過ごし、政治家としての出馬要請を59歳まで断り続けた経緯がある。そのため、三権分立の維持、つまりは政府が司法に介入することに対して自制心が強いという傾向を有している。司法改革や後述する検察改革を政権発足当初から掲げ、そうした人材を各所から登用していたことも、その姿勢をより堅固にしている。

前述の日韓における法律上の認識の相違、および制度上の特性の相違を考えれば、徴用工問題は本来、従来の歴史問題に比べても両者の一層の対話と理解が必要であった。しかし、①判決直後より対立を煽るような文言が安倍首相をはじめ政府首脳から発せられたこと、②日韓請求権協定では外交課題に対して仲裁委員会の決定に従う必要があったこと（大法院の憲法に根差した決定が、協定の定めた国際機関により覆る可能性があった）等の理由により、韓国は態度を硬化してしまった。加えて、政権内に日本にパイプをもつ人材を十分に配置していなかったこともあり、韓国の状況をていねいに伝える外交手段や、徴用工への賠償資金の拠出についての対案の提示などが後手に回ったことは否めない。たとえ侮辱に近い文言を受けたとしても、愚直に対話を進める姿勢は、対北朝鮮外交で文在寅が示してきたものであった。それに比べて対日外交への熱意が低かったとの指摘は免れないのは確かである。

同志の躓き

文在寅政権が崔順実ゲートを契機にして生まれたことは、誰もが認めるところである。その意味で、「立場を利用した優遇措置への反発」「正しさや清廉さへの希求」は政権の柱ともなり、文在寅を（かつては盧武鉉を）現在の地位に押し上げた。一方、政治家個人はそうした認識に立っていても、家族の行動や私生活が自身の評価、ひいては政権の評価を下げてしまうこともある。文在寅政権では、リベラル層の旗頭だった二人の人物がその対象となった。

一人目は2019年9月に法務部長官（法務大臣に当たる）に推挙されたものの、1か月ほどで辞任した曺国《チョ・グク》である。彼の家族にまつわる各種の疑惑が報じられた当時、日韓関係は前掲の輸出規制問題やGSOMIA（軍事情報包括保護協定）等の安保問題に広がるほど悪化しており、文在寅からの信任の厚い曺国についてはリベラル層を嫌う韓国の保守メディアの言説が日本では主に使用され、疑惑が次々に出て来る様子から「玉ネギ男」との通称が広がった。

ここで彼の略歴を紹介すると、まず16歳で韓国の最高学府であるソウル大学に飛び級入学したことで知られる。彼は学生時代に民主化運動へ積極的に携わり、その後、アメリカに留学して博士号を取得し、研究者としてのキャリアを順調に積んでいった。そのなかで、民主化、人権、韓国社会論などをテーマにしたベストセラーも多く著している。また、1990年代に蔚山大学で教授を務めていたときに政治犯として半年間収監された際には、国際NGOのアムネスティから「良心の囚人」に選ばれた。そうした経緯から曺国はエリート街道を歩みながら、改革路線を思想的に支える国民的な人気を有する研究者として知られていたのである。

そうしたなかで、文在寅政権発足後、曺国は民情首席秘書官に就任する。それは文在寅が盧政権時代に二度にわたり務めた役職であり、大統領の親戚や公務員規律の管理、人事の検証などを職務としている。通常、元検察官が行うことが多いものの、あえて改革派の法学者である曺国を任命したことで、文在寅は自らの選挙公約にも掲げた検察改革の意思を示したとされ、本書の冒頭でも取り上げた政権発足時の熱烈な支持の象徴ともなった。同職の在任中、曺国は高位公職者犯罪捜査処の新設案と、検察と警察の捜査権の調整の設計を主導する。その実績が従来の研究者としての評価と相まって、文大統領とその支持者から一層の信頼を生じさせた。そこで、検察改革をもう一段進めるため、曺国は法相に推挙されたのであるが、権力を削がれることとなる検察と保守メディアは彼の家族の問題に注目した面がある。

特に彼の娘の大学入学時に、高校時代の医学研究機関での2週間ほどのインターンの際に彼女が医学系の学術論文のファースト・オーサー（第一著者）に名を連ねたことが有利に働いた事実、そして、大学院進学時に同じく研究者である曺国の妻・鄭慶心《チョン・ギョンシム》が娘に対して自らが勤務する大学の総長名義の表彰状を偽造したことは大きく報じられた。前者は起訴はされなかったものの、あまりに不自然であり、後者については2020年12月にソウル中央地裁が鄭慶心に対し懲役4年の実刑判決を下している。文在寅政権が朴槿恵の疑惑追及の上に成り立っていること、家族の疑惑に対して自らを責め、死を選んだ盧武鉉の姿勢を多くの支持者が文在寅に投影していることを考えれば、自分の子弟に形はどうあれ便宜を図った人間を重用したことで、政権の支持率が低下したのは無理からぬことであった。

もう一人のリベラル層を代表する人物は、2020年7月9日に元秘書のセクハラ告発後、自ら命を絶ったソウル市長の朴元淳《パク・ウォンスン》である。曺国が学術界を代表していたように、朴元淳は長年にわたり市民運動の代表的な人物であった。

彼は生前、与党である「共に民主党」に所属しており、文在寅との関係の深い人物であったが、その経歴を改めて見直せば文の人生とシンクロするかのように映る。1975年にソウル大学に入学した朴元淳は半年も経たない内に、学生運動に参加し逮捕されたことで大学を除籍されている。その後、実家に戻り兵役を終え、他大学への入学等を経て、1980年に司法試験に合格を果たす。その際、司法研修院で同期だったのが文在寅であり、両者はそのときからの知己となる。そして、文在寅が釜山を拠点としたように、朴元淳はソウルを拠点として人権弁護士としての評価を確立させていく。そして、朴元淳は韓国を代表する市民団体として知られる「参与連帯」の初代事務局長となり、文在寅が設立委員を務めたハンギョレ新聞の論説委員や諮問委員を務め、ハンギョレ新聞社から複数の著作を刊行している。また、2000年の総選挙における落選運動、２００２年の米軍女子中学生圧死事件を契機としたロウソクデモ、２００８年の米国産牛肉の輸入問題を契機としたロウソクデモのそれぞれに中心的な役割を果たした。そのようにリベラル勢力を市民の側から後援していた朴元淳であったが、２０１１年にはソウル市長選に出馬し政治の世界へと足を踏み入れる。ちなみに、文在寅が国会議員になったのは２０１２年のことである。

そうして与党を代表する自治体の首長として活躍していた朴元淳であったが、セクハラ告発を受けた直後、それに対する直接の言及が無いままに自殺してしまう。朴元淳は弁護士時代、１９９３年に韓国初のセクハラ訴訟とされるソウル大学教授によるセクハラ問題の弁護を担当し、２０００年12月の従軍慰安婦問題の法的責任を問うために開かれた民衆法廷である女性国際戦犯法廷では韓国側の検事として登壇する等、フェミニストとしての評価も高かった。そうした彼のセクハラ疑惑は、それまでの評価を大きく覆すものとなる。その影響だけではなく、不動産政策の失敗や経済低迷などの要因もあり、２０２０年８月第２週のリアルメーターによる世論調査では、野党の未来統合党（セヌリ党の後継政党で、２０２１年現在の党名は「国民の力」）の支持率が崔順実ゲートの話題が注目を集め始めた２０１６年10月第３週以来、ほぼ４年ぶりに共に民主党を逆転した。正義や公正さを旗印にした以上、同志の躓きは文在寅政権を直撃することとなるが、曺国と朴元淳の二人は文在寅との関係性や従来からの知名度から、一層大きな痛手となった。

新型コロナウイルスと文政権

文在寅は自らの立ち位置を政権発足当時から維持してきた。前掲の成果や反発も、それに起因している。しかし、文在寅や与党への支持率は常に低下傾向にあったわけではない。彼の一貫した姿勢が支持を回復した事例もあった。それが新型コロナウイルスへの対応である。2020年の世界は、このウイルスに大きく左右されたが、少なくとも初期段階において韓国は大きな成果を出した。

具体的には①ドライブスルーPCR検査、②積極的かつ全面的な検査体制の確立、③軽症状者や無症状者のための生活治療センターの確保、④携帯電話アプリのダウンロード義務付け、⑤携帯電話の位置情報やクレジットカード・交通カードの履歴、監視カメラ等の情報を保健当局が管理し、市民に感染者の移動経路を公表する追跡システム等が広く知られた対策である。特に最後の追跡システムについては、プライバシーとの関係から他国では導入がむずかしい面もあるが、韓国においては従来からの北朝鮮からの工作員炙り出しを主目的として、住民登録番号の情報が携帯電話やクレジットカードに紐づいていることも大きく作用した。朝鮮半島の分断という悲劇が効率的な体制を生んだという皮肉な状況もあったのである。

韓国における対応は国際的な評価も受け、2020年春の段階では国民の支持も獲得していた。結果として、4月15日に行われた総選挙では与党が300議席中180議席を獲得している。また、充実した対応の背景には、2015年の中東呼吸器症候群（MERS）が韓国に流入した際に、情報が制限あるいは隠蔽されてしまい、結果的に38名の死者を出した経験があった。市民の反発により、朴槿恵政権は感染症管理・防止法を改正しており、そこに市民の安全を第一に考える文在寅の方針が加わり、感染拡大を食いとめることができたのである。

2020年の春から夏にかけて、韓国では新規感染者が一桁やゼロの状態が継続した。しかし、時折クラスターが発生したのは労働者が密になったり、人と接せざるを得ないエッセンシャルワークに就いている場合や、新型コロナウイルスに対して陰謀論を唱えて市民の不安を取りこんだ新興宗教団体の集会などが要因であった。後者の場合は、経済格差に直面する層から支持を集める場合もあり、新型コロナウイルスに止まらない社会的弱者への文在寅の対応が求められる部分でもある。2020年にブラック・ライヴス・マター（黒人の命も大事）という運動が大きなうねりとなったアメリカでは、疾病対策センター（CDC）が2020年11月に、新型コロナウイルスに感染した黒人の割合は白人の3・9倍に上ると報告している。社会の歪みを露わにしたウイルスがもたらした改善を求める声に応えることは、民主主義を掲げる政治の役目であろう。

２０２１年の年末年始や春先には、十分なワクチンを確保できなかったことなどもあり、韓国では感染の拡大がみられ、文在寅政権への支持率は低下している。正解の見えない対策を模索せざるをえないなかではありながら、同じく感染の急拡大が起きている日本の数値を両国の人口比を踏まえて比較してみると、日本がＰＣＲ検査に消極的でありながら、積極的にＰＣＲ検査を行った韓国では感染者数はある程度抑えられている。そうした成果や世界各地における情報を東アジア全体で共有し、市民に寄りそう体制を作れたならば、対話を重視する文在寅の意思はより広く届くにちがいない。市民の声を代弁しながら、現実的な面も見せてきた文在寅大統領の任期は２０２２年５月で終了する。しかし、未だ果たせていないいくつもの課題は残存している。退任までに彼がどのような国家像や外交理念を見せるのかが、彼のこれまでの人生を投影したメッセージとなろう。

あとがき

本書の構想が生まれたのは、文在寅人統領就任の頃であった。当時、韓国の報道がなされる際には筆者自身もメディアに出演し、韓国の事情を解説していたものの、「現在の韓国を理解するために必要な歴史的な背景が、日本では意外に知られていない」との感覚があった。日本でも同じことがいえるが、海外の人に物事の単純な背景を伝えることは割と簡単ながら、それを歴史的な文脈のなかで基礎からとらえようとすると、ある程度の時間や紙面を必要とする。そこで、現在の韓国やロウソクデモの本質を理解できる内容でありつつも、読者が感情移入できる飽きない本は作れないものかと考え、この構成を練るにいたった。

また、日本で、韓国に対して極めて一面的にとらえる傾向が強まったことも、この本を書いた動機である。最近、日本では「韓国＝反日」という図式で各種の評価が語られる場面が残念ながら増えてきている。仕事上、よく書店には足を運ぶのだが、韓国関連の棚において攻撃的な、あるいは侮蔑的なタイトルが多くのスペースを占めているのを見ると気分も沈む。そうした本や意見などで登場する韓国人は、徹頭徹尾反日で凝り固まった人間として描かれている。もちろん、韓国人のなかにはそうした人もいるが、40年以上にわたり韓国人として生きてきた経験上、それは極めて少数派であると断言できる。メディアがとりあげるのは普通の人ではなく、目立つ人であるという点も考慮が必要であろう。それは日本の周囲の状況を見ても分かるのではないだろうか。外見も大して変わらず、文法や漢字語圏であることも似ていて、欧米人からしてみると区別がつかない両国のあいだでそれほど人の感覚が変わるわけではない。本書を通じて、政治家一人ひとりにキャラクターがあることを再認識し、韓国人、そして韓国という国自体も多様な存在であることを知ってもらいたかった。

そして、最近の日本の変化に対して、韓国の歴史が教訓になるとも感じた。しばしば指摘されるように、現在日本の民主主義や社会は危機に瀕している。朴正煕が1961年に5・16クーデターを起こし、権力を握った後、民主主義や社会正義が失われたが、それをとり戻すには本文中でも追ってきたように大変な労力が必要であった。民主主義を当然のものと思い、それを甘受するだけでなく、自らが主権者であり守護者であるとの認識をもつことの重要性を韓国の経験は伝えている。個人的な話となるが、私は小さな頃から日本に強い憧れがあり、韓国で誰もが知る大学に合格したものの、即座に日本語の勉強を本格化し、早々に同校を休学して日本への留学を決めた。それからすでに四半世紀ほどが経過している。そんな私には、日本の社会の雰囲気が以前とは変わって来たとの感覚がある。たしかに、かつても偏見などを露わにする人は存在していたし、その言動に直面したこともある。しかし、それは一部の人であり、全体的には寛容さやアジアに対する配慮を感じたものだった。今考えてみれば、そこに多少の思いちがいはあったかもしれないが、平和や隣人愛を大切にしながら、冷静さをあわせもつ姿が日本だと考えていた。

そうした違和感を抱えていたところ、私はある発言に出会った。本文中にも登場した司馬遼太郎が1986年5月21日にNHKで放送された「雑談『昭和』への道」のなかで話したものである。彼は日露戦争後の日本は周辺国への抑制のタガが外れたとして、「堂々たる数千年の文化を持った、そして数千年も独立してきた国をですね、平然と併合してしまった。併合という形で、相手の国家を奪ってしまった。こういう愚劣なことが日露戦争の後で起こるわけであります。【中略】日露戦争で勝った以上、もうロシアはいったんは引っ込んだのですから、それ以上の防衛は過剰意識ですね。おそらく朝鮮人は、あと数千年続いてもこのことは忘れないでしょう」と述べていた。この発言の後半部分は2013年の朴槿恵の発言を想起させる。当時、日本から強い反発を招いた発言が、その28年前にはNHKで国民的な人気を誇った作家によって述べられていたのである。今の日本ならば、司馬に対して「反日的だ」との発言や、はては「韓国や中国から帰化したにちがいない」といった妄想的な内容がネットを飛び交うことであろう。

その一方で、司馬に対して韓国では「右派作家」との評価もなされている。日露戦争を肯定的に描いた『坂の上の雲』の作者であり、同作を歴史修正主義の立場を採る人の多くも高く評価している状況を受けてのことと思われる。たしかに、韓国にとってみれば、司馬が「祖国防衛戦争」と捉えた日露戦争は日本とロシアが朝鮮半島を争った戦争に映り、その前の日清戦争に勝利して台湾を植民地にしている時点で、すでに日本の帝国主義路線は始まっているのだから、そのとらえ方も分からないではない。しかし、本文中でも書いたように、司馬は全斗煥政権に対して厳しい批判をしている。また、それほど有名な作品ではないが『故郷忘じがたく候』では文禄・慶長の役の際に日本へ拉致され、故郷を離れ400年を生きた陶工の歴史を描いている。一方で、文禄・慶長の役を起こした豊臣秀吉を主人公に『太閤記』を執筆してもいる。つまり、彼は関係国の歴史を丹念に調べつつ、作家としての関心に従い、人物像や時代を描いていたのである。

ちなみに、上掲の番組で司馬は「この作品（筆者註：『坂の上の雲』）はなるべく映画とかテレビとか、そういう視角的なものに翻訳されたくない作品でもあります。うかつに翻訳すると、ミリタリズムを鼓吹しているように誤解されたりする恐れがありますからね。私自身が誤解されるのはいいのですが、その誤解が弊害をもたらすかもしれないと考え、非常に用心しながら書いた」とも述べている。ある意味、彼は現状を見通していたといえよう。過去を掘り下げることは、未来を見通すことにも通じる。筆者自身、本書を書きながら現代の動きに既視感をもったことが多かった。そうした司馬の示唆を放送したＮＨＫが『坂の上の雲』を彼の没後にドラマ化したのは皮肉なことであった。

閑話休題。本書を書く際に、内容以外で意識したことがある。それは、この本を広く読んでもらうために、どういう展開を採るべきかという点である。21世紀にはいってから、日本ではたびたび韓流ブームが起き、コロナ禍においてもいくつかの作品がネット経由で視聴されたことは大きな話題となった。換言すれば、日韓関係が悪かったとしても、常に韓国への関心は高い状態が続いており、そうした韓国に対して関心があり、偏見も少ない人に対して本書が韓国を深く知る窓口になればという思いがあった。現在、韓国の歴史を学ぼうとすると、批判的な見方が強い本か、すべてを網羅しようとして教科書的な記述になっている本が選択肢となりがちである。そこで、今回はフラットな目線で韓国を理解しつつ、主要人物にフォーカスを当てた読みやすい本を目指した。いうなれば、時代考証の厳密な大河ドラマという評価が本書の理想である。もし、そうした点を感じてもらえたならば、書き手として望外の幸せである。

最後に、本企画が出版に至った経緯をお話ししたい。当初、朝日新聞社の『論座』で連載をしていたのであるが、仕事の都合上、大分時間が空いてしまい後半は書き下ろす形になった。文政権が発足した一年後ぐらいには書き上がったと記憶しているが、いくつかの出版社へ企画をもちこむと、窓口となり読んでくれた方は良い評価をしてくれるものの、経営上の判断がはいると韓国や文政権につながるリベラル派を肯定的に描いたものは売れず、批判すら招く状況があり、採用されないことがたびたび続いた。そうしたなかで、年々「おわりに」の記述は厚くなっていったが、文政権の動向や評価の変遷を追うことができる副産物を生んだともいえなくはない。出版をめぐる状況も芳しくなく、日韓関係も年々悪化するなかで、この企画が陽の目を見るようになったのも、明石書店と編集者の黒田貴史様の御尽力のお陰である。日韓の相互理解や関係改善といった、ある意味「お金にならない」本企画を使命感をもって受け入れていただいたことは感謝に堪えない。4年にわたる本企画の旅が終わると思うと感慨深いが、本書が多くの人に届くことを心より願っている。

2021年6月、東京の自宅にて

〈著者紹介〉

金恵京（キム・ヘギョン）

韓国・ソウル生まれ。国際法学者。早稲田大学大学院アジア太平洋研究科で博士号取得。ジョージ・ワシントン大学総合科学部専任講師、ハワイ大学韓国研究センター客員教授、明治大学法学部助教などを経て、2016 年から日本大学危機管理学部准教授。著書に『涙と花札－韓流と日流のあいだで』（新潮社）、『柔らかな海峡－日本・韓国 和解への道』（集英社インターナショナル）、『無差別テロ－国際社会はどう対処すればよいか』（岩波書店）、『北東アジア市民圏構想』（第三文明社、佐藤優氏との共著）など。研究論文に "State Terrorism as a Mechanism for Acts of Violence against Individuals." *Journal of East Asia and International Law* など多数。

ホームページ　https://www.korea-relations.com/

未完の革命
—— 韓国民主主義の100年

2021年7月20日　初版　第1刷発行

著　者　金　惠　京
発行者　大　江　道　雅
発行所　株式会社 明石書店
〒101-0021　東京都千代田区外神田6-9-5
電話 03（5818）1171
FAX 03（5818）1174
振替　00100-7-24505
https://www.akashi.co.jp/

印刷・製本　日経印刷株式会社

（定価はカバーに表示してあります）　ISBN978-4-7503-5218-3